Abb. 1: Ansicht der Burg und Freiheit Bilstein, Stahlstich, vor 1842.

Bilstein und Lennestadt

von Günther Becker und Wilfried Reininghaus

Abb. 2a: Siegel der
Freiheit Bilstein
1804
SIGLVM * FREIHEIT
* BILSTEIN *

Abb. 2b: Gerichtssiegel
von Bilstein
17. Jh.
BILSTEINIENSIS * SIGILLVM
* IVDICII *

Abb. 2c: Siegel der Stadt mit
Stadtwappen
seit 1971
STADT * LENNESTADT *

Abb. 3: Lennestadt im Süderbergland am Rande des Rothaargebirges, 1:500 000.

Abriss der Geschichte von Freiheit und Amt Bilstein sowie Lennestadt

Genese der Stadt

Lennestadt ist eine junge Stadt mit 43 namentlich unterschiedenen Orten. Sie ging zum 1. Juli 1969 aus der kommunalen Gebietsreform im östlichen Kreis Olpe hervor. Lennestadt hat aber ältere Wurzeln, denn das heutige Stadtgebiet liegt im ehemaligen Herrschaftsbereich des adligen Geschlechts von Gevore (Förde). Es verlegte um 1225 als Edelherren von Bilstein den Sitz vom heutigen Grevenbrück auf die Burg Bilstein im Tal der Veischede.

Der gleichnamige Ort im Tal erhielt im 14. Jahrhundert Freiheitsrechte und wurde Verwaltungszentrum eines weitläufigen Amtes, das als „Bilsteiner Land" galt. Nachdem das Gebiet 1359/60 unter kleve-märkische Herrschaft gekommen war, fiel es 1445 an Kurköln als Teil des Herzogtums Westfalen. Kurzzeitig 1817/18 zum Kreissitz erhoben, verlor Bilstein in der Folgezeit immer mehr zentralörtliche Funktionen. Zwar blieb das Amt Bilstein erhalten, doch der Amtssitz wanderte 1939 nach Grevenbrück. Aber nicht Grevenbrück wurde Mittelpunkt der neuen Lennestadt, sondern Altenhundem aus dem ehemaligen Amt Kirchhundem. Historisch beruft sich Lennestadt zu Recht auf die Tradition von Freiheit und Amt Bilstein, versinnbildlicht im Stadtwappen mit dem goldenen Schild und den drei Pfählen, dem Wappen der Herren von Bilstein. Der blaue Wellenbalken weist auf den namengebenden Lennefluss hin, die Rose auf die Vögte von Oedingen.

Naturräumliche Lage

Das Gebiet der Stadt im südlichen Sauerland mit seiner Höhenlage zwischen 242 und 756 m ü. NHN ist geprägt von der namengebenden Lenne und ihren Zuflüssen.[1] In Altenhundem, wo die Lenne ihre Richtung ändert und nach Norden fließt, mündet die Hundem, bei Grevenbrück aus südwestlicher Richtung kommend der Veischede- und aus östlicher Richtung kommend der Elspebach. Enge Kerbtäler mit steilwandigen Berghängen und v. a. das als Sohlental ausgebildete Lennetal gliedern die Landschaft und beeinflussen die Entwicklung der Siedlungsräume und die Verkehrserschließung. Im Stadtgebiet verengt sich das Lennetal mehrfach, so bei den Durchbrüchen durch den Grauwackeschieferzug südlich von Meggen, dann nördlich von Maumke und südlich von Bamenohl.[2] Wirtschaftliche Bedeutung kommt mit einem von Rheinkalk betriebenen Steinbruch dem Massenkalkvorkommen nordwestlich von Grevenbrück zu.

Die Hänge waren ursprünglich überwiegend mit artenarmem Buchenwald bestockt; aufgrund der Bodenqualität und der klimatischen Bedingungen dominierte im Raum Bilstein der Hafer-Roggenanbau, während im Raum Saalhausen der Roggen-Haferanbau vorherrschte.[3]

Vor- und Frühgeschichte

Bereits vor mehr als 40.000 Jahren müssen Menschen den heutigen Lennestädter Boden betreten haben, wie ein 2016 bei Lennestadt-Trockenbrück aufgefundener, für Neandertaler typischer „Levallois-Kern", ein präparierter Kieselschiefer-Steinkern, ausweist.

Oberflächenfunde zahlreicher Steinartefakte bezeugen den Aufenthalt von Jägern und Sammlern in der Grevenbrücker Umgebung in der Zeit des Frühmesolithikums (frühe Mittelsteinzeit, ca. 9000 bis 6500 v. Chr.). Von den gleichen Arealen stammen Funde des Jungneolithikums (Jungsteinzeit, ca. 5500 bis 2000 v. Chr.). Ein größeres Gräberfeld bei Elspe belegt für das zentrale Sauerland erstmals eine spätbronzezeitliche Siedlungsgemeinschaft.[4]

Aus der späten Eisenzeit (4. Jh. bis Chr. Geb.) stammen Wallburgen auf dem Weilenscheid bei Elspe, der Kahle bei Meggen und dem Hofkühl bei Kirchveischede sowie ein im Mittelalter nachgenutzter Ringwall auf dem Hohen Lehnberg bei Saalhausen.

Ein offensichtlich vorchristlicher Friedhof mit Pferdebestattungen wohl des 7. oder 8. Jahrhunderts wurde im 19. Jahrhundert bei Sporke-Hespecke entdeckt. Neue Siedlungen entstanden in der Zeit des hochmittelalterlichen Landesausbaus bis zum 13. Jahrhundert. Damit war der mittelalterliche Rodungsprozess abgeschlossen. Ihm verdanken die meisten der heute im Stadtgebiet liegenden Orte ihr Dasein.

Abb. 4: Die katholische Pfarrkirche St. Jakobus d. Ä. in Elspe. Aufnahme von Süden vor der Turmaufstockung im Jahr 1948. 1882/83 wurde die spätromanische Hallenkirche im Osten um ein Querhaus und einen Chor erweitert. Foto Andree Weil, undatiert.

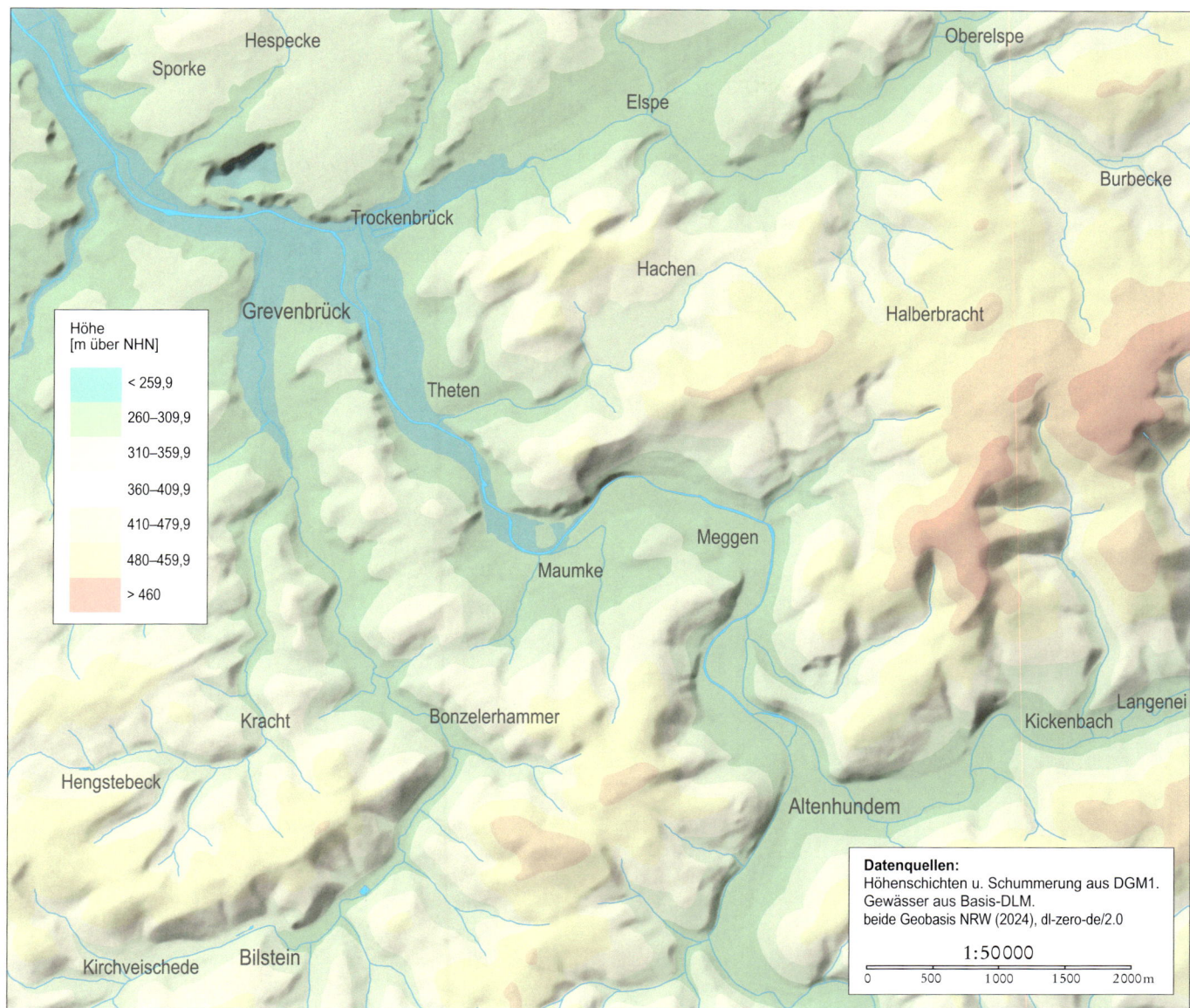

Abb. 5: Hypsometrische Darstellung der Berglandschaft in der Innensauerländer Senke, 1:50 000. Entwurf: Tobias Kniep.

Christianisierung

In die Karolingerzeit (ca. 750 bis 900) fällt die von Köln aus betriebene Christianisierung des Sauerlandes.[5] Erste Missionszentren entstanden in Attendorn und Wormbach an der von Köln über Attendorn und Elspe nach Kassel führenden Heidenstraße. Als erste Orte in Lennestadt werden im Jahr 1000 ein von der Werler Gräfin Gerberga gegründetes Damenstift auf dem Oedinger Berg sowie Elspe und Oedingen namentlich bezeugt. In Elspe, wo die Urkunde ausgestellt wurde, lag vermutlich ein Königshof mit einer umfangreichen Grund- und Gerichtsherrschaft. Mit ihm war eine Kapelle verbunden, die zu einer Mutterkirche für die Region wurde. Der Zehnt in ihrem Bezirk wurde dem 1056 von Erzbischof Anno II. gegründeten Mariengradenstift in Köln übertragen. Das Zehntlöseregister von 1279 erwähnt die heutigen Lennestädter Ortsteile Bilstein, Bonzel, Burbecke, Halberbracht, Oberelspe, Maumke, Meggen und Theten.[6]

Die Edelherren von Gevore (Förde) und die „Peperburg"

Die Stammreihe der Edelherren von Förde beginnt mit einem zwischen 1118 und 1127 in Paderborner Urkunden vorkommenden *Thiederic de Vordei*. Anzunehmen ist, dass er erster Vertreter jenes adligen Geschlechts der von Gevore (Förde) war, die im 12. Jahrhundert auf einem Felssporn oberhalb des Zusammenflusses von Lenne und Veischedebach eine Burg bauten, die später „Peperburg" genannt wurde. Sie fiel im 19. Jahrhundert Steinbrucharbeiten zum Opfer.[7] Entstanden ist sie in vier Bauphasen während des 12./13. Jahrhunderts; genauere Datierungen sind nicht möglich. In dieser Zeit begründeten die von Gevore von hier aus einen weiten Bereich, in dem sie

Abb. 6: Die Peperburg aus dem 12. Jahrhundert. Die Burg war Stammsitz der Edelherren von Gevore, bevor sie diesen auf die Burg Bilstein verlegten. Zwischen 1980 und 1986 wurde die Burgruine archäologisch untersucht. Die Mauerzüge wurden anschließend wieder sichtbar gemacht. Foto Ralf Breer, 1987.

gräfliche Herrschaftsrechte auf sich vereinigten. Sicher bezeugt ist 1140 *Henricus de Gyvore*. Nicht zufällig lag der Sitz der Herrschaft an einem Verkehrsknotenpunkt. Hier überquerte die Heidenstraße von Köln nach Kassel die Lenne. Sie kreuzte sich mit dem sog. Römerweg, der von Bonn nach Paderborn führte. Die Edelherren von Gevore waren im Besitz gräflicher Rechte in einem Raum, der vom heutigen Westen des Olper Kreisgebiets bis zum Astenmassiv reichte. Nachrichten aus dem späteren Mittelalter lassen da-

Abb. 7: Die Lennebrücke auf einer Postkarte. An dieser Stelle der Lenne kreuzten sich wichtige mittelalterliche Verbindungswege, die einen Übergang über den Fluss nötig machten. Eine Brücke ist seit 1395 nachweisbar. Foto Postkartenverlag Josef Grobbel, ca. 1950.

rauf schließen, dass die Rechte von den Pfalzgrafen bei Rhein über die Grafen von Sayn als Afterlehen auf die von Gevore übergingen.[8]

Die Verlegung des Herrschaftssitzes nach Bilstein und die versäumte Stadtgründung

1225 beurkundete Dietrich von Gevore als *vir nobilis de Bylstene*. Aus der Urkunde geht hervor, dass der Edelherr durch seine Brüder Heinrich und Gottfried, die Kleriker in Köln waren, und seinen Onkel Bernhard als Propst von Kloster Rumbeck bei Arnsberg weit vernetzt war. Mit seiner Frau, möglicherweise eine Tochter des Grafen Gottfried II. von Arnsberg, hatte Dietrich seinen Lebensmittelpunkt *in castro* Bilstein gewählt. Dietrich hatte die Burg auf dem Felsen am Südwesthang des Rosenbergs errichten lassen. Hier besaßen die von Gevore nachweislich seit 1190 eine *curtis* als Lehen des Kölner Erzbischofs.[9] Zu ihr gehörte ein kleinerer grundherrschaftlicher Komplex, zu dem Höfe im Kockmecke- bzw. Bremketal östlich bzw. südlich von Bilstein zählten. Anzunehmen ist, dass auch das Gebiet der späteren Freiheit zu diesem Besitz der von Gevore/Bilstein gehörte, denn sie erhoben bis in die Frühe Neuzeit hinein Abgaben in Form eines Wortgeldes von den Einwohnern der Freiheit.[10] Als Lehen der Grafen von Arnsberg besaßen die Edelherren 1313 den Wildbann von Veischede (*forestum vulgariter dictum wiltban in Vesche*) sowie den Zehnten in der Wüstung Bredenbike *sub castro Bylstein*.[11]

Über die Gründe der Verlagerung des Herrschaftssitzes von Gevore (Förde) nach Bilstein schweigen die Quellen. Verkehrstechnisch liegt Bilstein ungünstiger als das heutige Grevenbrück. Eine Erklärung kann die Nähe zum großen Wildbann sein, den die Edelherren von Bilstein von den Grafen von Arnsberg als Lehen empfangen hatten. Bruns und ihm folgend Kneppe vermuten, dass die Verlagerung eine Reaktion auf die kölnischen Expansionsbestrebungen gewesen sei.[12] Eine andere Erklärung könnte die Nähe zum Montanrevier bei Oberveischede sein. Explorationen des Jahres 1982 wiesen eine Ansammlung von Rennfeueröfen aus dem 11. bis 13. Jahrhundert nach, die den Abbau von Eisenerz in guter Qualität voraussetzen. Die Lagerstätten erstrecken sich im Westen bis in das Rahrbachtal. Ihre Nutzung wurde im 19./20. Jahrhundert noch einmal kurzzeitig ohne großen Erfolg aufgenommen. Wie andernorts könnte die Niederlassung der Edelherren in Bilstein dem Zweck gedient haben, diese Standorte zu sichern.[13]

Verpasst wurde mit der Wahl des Standorts in Bilstein allerdings die Gründung einer Siedlung mit Stadtrechten an einem solch strategisch günstigen Ort wie Förde (Grevenbrück) ähnlich wie in Attendorn (1222) und in Olpe (1311), wo die Heidenstraße bzw. der Römerweg die Bigge überquerten. Im westfälischen Städtenetz blieb damit längs der Lenne ein Vakuum zwischen Schmallenberg und Plettenberg, das noch die Überlegungen bis zur kommunalen Gebietsreform in den 1960er Jahren beeinflusste.

Freigrafschaften

Durch den Erwerb freigrafschaftlicher Rechte, die nördlich und östlich dem eigenen ursprünglichen Herrschaftsbereich vorgelagert waren, erweiterten die Edelherren von Bilstein in der zweiten Hälfte des 13. Jahrhunderts ihren Machtbereich enorm. Freigrafschaften waren in Westfalen als Verwaltungs- und Gerichtsbezirke in der späten Karolingerzeit entstanden.[14] In ihnen sprachen Freigrafen an Freistühlen gemeinsam mit den Schöffen (*Stantgenoten*) Recht. Die Freigrafen und Schöffen stammten aus dem Kreis von freien, nicht eigenhörigen Bauern. Sie vertraten die eigentlichen Gerichtsherren. Diese waren Edelherren, Grafen oder Mitglieder von Dynastenfamilien. Eine Aufzeichnung über die Freistühle des *fryen bans der herrschop ind herlicheit des landes van Bilsten ind Fredeborg* aus der zweiten Hälfte des 15. Jahrhunderts lokalisiert die Freistühle, die auf der äußeren Grenze des Bilsteiner Herrschaftsbereichs lagen.[15] Danach erstreckte sich der Bezirk von Rhode bei Olpe über Milstenau bei Attendorn, Bamenohl, Cobbenrode, Salwey über Herhagen, Bonacker und Monekind bis nach Bödefeld, von dort über das Tal der Neger bis zum Astenberg. Die Grenze im Süden zwischen dem Astenberg und Römershagen ist nur unscharf zu erkennen.

Freie bzw. Setzgenossen

Als Schöffen der Gerichtsverhandlungen fungierten „Setzgenossen", die aus dem Kreis der persönlich freien Leute in der Edelherrschaft Bilstein stammten. Ein spätes Zeugnis, ein Urteil zum Erbrecht von 1582, belegt, dass die Setzgenossen aus diesem Kreis gewählt wurden (*sembtliche setzgenoßen [...], alß darzu auß der gantzen gemeinheit erwohlet und erkoren*).[16] Die Freien galten als *Unterthanen des Hauses und Ambtts Bilstein*, die den jeweiligen Drosten zu Hand- und Spanndiensten verpflichtet waren. 1594 kauften sie sich von dieser Verpflichtung gegen eine jährliche Abgabe von vier Talern pro Gespann frei. Der Vertrag mit Drost Caspar

Abb. 8: Burg Bilstein – Aufnahme der Torsituation von der Vorburg aus. Am rechten unteren Bildrand ist das Torhaus, am linken Bildrand die St. Agatha Kirche zu erkennen. Foto Christoph Barte, 1967.

Abb. 9: Burg und Freiheit von Südost auf einer Bleistiftzeichnung (1720–1730) von Renier Roidkin. Zu erkennen sind der ursprünglich vorhandene Südost-Flügel sowie der deutlich tiefere und höhere Torbau zwischen den Türmen.

von Fürstenberg verpflichtete sie jedoch weiterhin zu Sonderleistungen beim Transport von Material zum Burgen- und Mühlenbau.[17]

Wann genau die Bilsteiner Edelherren in den Besitz eines solch großen, über die Freistühle definierten Freibanns kamen, lässt sich nicht eindeutig datieren. Die Gerichtshoheit fiel im späten 13. Jahrhundert nicht ungeteilt den Bilsteinern zu. Das Hochgericht lag beim Kölner Erzbischof. Er beanspruchte dieses Recht, wodurch immer wieder Konfliktstoff entstand. Ende des 13. Jahrhunderts lebte Edelherr Johann (I.) von Bilstein jedoch im Frieden mit den beiden potenziellen Konkurrenten, den Erzbischöfen von Köln und den Grafen von Arnsberg. Für die Erzbischöfe wirkte er zwischen 1283 und 1290 als Landmarschall. Den Arnsbergern war er durch die Heirat mit einer Grafentochter verbunden. Johanns Sohn Dietrich (III.) von Bilstein entfachte zahlreiche Fehden. Besonders seine Aktion gegen Epsingsen, einen Haupthof des Stifts Meschede in der Soester Börde, rief 1324 den Kölner Erzbischof auf den Plan. Dieser drohte Dietrich mit der Exkommunikation, wie die Pfarrer von Attendorn, Wormbach, Eslohe und Helden von den Kanzeln verkünden mussten.[18]

Klevisch-Märkisches Zwischenspiel

In den Jahren zwischen 1340 und 1365 fand im südlichen Westfalen ein Machtkampf zwischen den Grafen von der Mark und Arnsberg statt. Zwischen beiden Kontrahenten saßen die Edelherren von Bilstein, mit deren letztem männlichen Erben Johann II. das Geschlecht bald nach 1363 ausstarb. Johann II. hatte 1360 geplant, seinen Neffen, Baldewin, Herr zu Steinfurt, einzusetzen. Auf das mit Bilstein verbundene Fredeburger Land reflektierte Graf Gottfried IV. von Arnsberg, der dort auch kurzzeitig Rechte erwarb. Zwei Fehden zwischen dem märkischen Grafen Engelbert III. und Arnsberg 1352 und 1366 gingen zugunsten des Märkers aus, der sich bereits 1360 den südlichen Teil des Bilsteiner Herrschaftsgebiets mit der Freiheit Bilstein im Zentrum als Lehen der Pfalzgrafen gesichert hatte. Für 80 Jahre gehörten Bilstein und Fredeburg nun zur Grafschaft Mark, die dynastisch seit 1391 mit dem Herzogtum Kleve verbunden war. Letztmalig erneuerte 1439 ein Pfalzgraf die Belehnung von Herzog Adolf II. von Kleve mit dem Bilsteiner Land.

Unter Kleve-Mark gewann die bereits durch die Edelherren von Bilstein angelegte Herrschaftsstruktur feste Züge. 1291 traten auf Burg Bilstein (*in castro Bilsten*) bei der Schenkung des Hochwaldes bei Latrop an Kloster Grafschaft die Burgmannen Herbord von Ennest und Hermann von Ostendorp sowie der Truchsess (*dapifer*) Lutbert von Dusenschur auf.[19] Alle drei waren auch 1296 bei einer weiteren Beurkundung auf Schloss Bilstein als Zeugen anwesend.[20] Als Edelherr Dietrich II. 1328 einem Konsortium aus Attendorn und Soest den Zoll zu Werl verkaufte, begleitete ihn sein Amtmann (*officialis noster*) Johannes Benecote.[21]

Droste und Burgmannen

Als Burgmannen[22] banden die Bilsteiner und nach ihnen die Märker Adlige des südlichen Sauerlandes ein. Nach dem ältesten märkischen Lehnregister 1392/93 erhielten Burglehen zu Bilstein: Diderich van Bonsler (Bonzel), Kryvet de Lepper, Herman van Boenslede (Bonzel), Aleff van Boekelerhusen, Degenhard van Hundem, Herman van Oyle, Heidenreich von Ewich, Evert van Bicken sowie Engelbert Dobbere.[23] Diese Burglehen waren von den Fredeburgern geschieden. Als Amtleute auf Burg Bilstein wurden in märkischer Zeit bestallt: Hermann von Ohle (1372/73), Dietrich von Schnellenberg (1390, 1399–1402), Wennemar Dücker (1395), Godert von Hanxleden (1404, 422) sowie Johann von Bruch (1434–1445).[24]

Wann genau der Ort Bilstein zu Füßen der Burg die Rechte einer Freiheit erhalten hat, ist unklar. Der Kölner Erzbischof Dietrich von Moers bekräftigte 1445 nach der Eroberung Bilsteins, *dat wir burgermeister, rait ind gantze gemeynheit in der fryheit daselbs gesessen, laissen ind behalden willen ind sullen up allen fryheiden, reichten, guden gewoinden ind alden herkomen, in maissen sy van den hertzogen van Cleue gelaissen ind behalden synt* [„dass wir Bürgermeister, Rat und ganze Gemeinheit […] auf allen Freiheiten, Rechten, guten Herkommen und altem Herkommen lassen und behalten wollen, in dem Maße, wie es die Herzöge von Kleve gelassen und gehalten haben"].[25] Hieraus leitete Hömberg ab, Bilstein habe „zumindest seit dem 15. Jh." eine voll entwickelte städtische Verfassung" besessen, wenngleich sie „kaum den Namen einer Stadt verdiente".[26] Stellen wir die Teilnah-

Freiheitsrechte für Bilstein

me Bilsteins an der Belagerung Dortmunds während der Dortmunder Fehde 1388/89 in Rechnung, liegt eine Privilegierung durch Kleve-Mark zwischen 1362 und 1388 nahe.[27] Allerdings drängt sich ein Vergleich mit Fredeburg auf, das bereits vor 1335 zu Zeiten des Edelherrn Diedrich III. von Bilstein ausweislich jüngerer Urkunden als Stadt privilegiert wurde.[28] Eine frühere Privilegierung, als sie beispielsweise C. Haase annimmt, erscheint nicht ausgeschlossen.[29] In den späteren Bestätigungsurkunden findet sich immer wieder die Formel *sloss, friheit, landt und luede von Bilsten*.[30] Das bedeutet: Burg, Freiheit und umliegendes Land wurden als eine untrennbare Einheit verstanden. Besonders intensiv waren natürlich die Beziehungen zwischen der Freiheit und der Burg, wie eine Urkunde aus dem Jahr 1520 zeigt.[31] Die Amtleute bestätigten die Rechte der Bürger in Bilstein und schrieben im Gegenzug die Pflichten wie von alters her gegenüber der Burg fest. Vor allem waren sie zur Instandsetzung der Pforten und Mauern angehalten. Die Wahl des Bürgermeisters und des Rats erfolgte unter Anwesenheit des Drosten oder eines Stellvertreters. Der Bürgermeister übte die Feld- und Orts-Policey sowie die Aufsicht auf Handel und Gewerbe aus.[32]

Burg Bilstein

Für die älteste Baugeschichte der Burg gibt es keine urkundlichen Belege.[33] Archäologische Untersuchungen von 1977/78 zeigen im Nordwestflügel der Hauptburg sowie im Untergeschoss des an der Südostecke gelegenen Hohnkampturmes geringe Mauerreste des 13. Jahrhunderts. Ein Votivbild von 1561[34] sowie die Zeichnungen des Wallonen Renier Roidkin um 1720/30 erlauben eine Rekonstruktion der zweiteiligen Anlage. Sie gliedert sich in eine Vorburg im Nordosten und eine dreiflügelige Hauptburg auf einem nach Westen und Süden steil abfallenden Felssporn. Der Zugang erfolgte von Norden durch das Torhaus der Vorburg. Mitte des 15. Jahrhunderts entstand der sogenannte Kapellenturm an der Nordwestecke der Hauptburg. Eine Holzleitung versorgte die Burgbewohner mit frischem Quellwasser. Nach dem 17. Jahrhundert kam es zu zahlreichen Um- und Neubauten.[35] Um 1700 entstanden auf der Vorburg ein Torhaus, eine Scheune und ein Fachwerkbau. Der Wohnbau erhielt im zweiten Viertel des 18. Jahrhunderts einen Quer- und einen Westflügel; zum Kapellenturm führte ein dreigeschossiger Zwischentrakt. Nach der Umwidmung zur Jugendherberge 1927 entstand 1977/78 der Ostflügel als Bettentrakt neu.

Soester Fehde

Der Soester Fehde (1444–1449) gingen Jahrzehnte latenter Spannung zwischen Kurköln und Kleve-Mark voraus. 1426 erhob Köln Ansprüche auf die hohe Gerichtsbarkeit, die Jagd und den Wildbann in der Herrschaft Bilstein-Fredeburg, was Herzog Adolf von Kleve (1394–1448) – mit fragwürdiger Begründung – unter Berufung auf das Bilsteiner Erbe ablehnte. Als im Frühjahr 1444 Soest Anschluss an den klevischen Jungherzog Johann (1448–1481) suchte, die Landesherrschaft wechseln wollte und Kleve daraufhin am 16. Juni Köln die Fehde erklärte, eröffnete Köln im Gegenzug gegen Kleve die Südfront und nahm im Herbst 1444 zuerst die Fredeburg ein. 1445 rückten die Kölner Truppen dann vor Bilstein. Im September des Jahres begann die Belagerung der Burg. Verhandlungen lösten die Situation auf: Am 17. Oktober schlossen Angreifer und Verteidiger einen Waffenstillstand. Wenn binnen einer Woche keine Hilfe für die Belagerten eintraf, sollten Burg und Freiheit Köln übergeben werden. Für die Verteidiger sprachen Amtmann Johann van Bruch, drei Burgmannen sowie *burgermeister, raede ind gantze gemeynheit* als Vertreter von *slos ind vriiheit Bülsteyn*.[36] Da Entsatz ausblieb, kapitulierten die Verteidiger. Von Attendorn aus bestätigte Erzbischof Dietrich von Moers (um 1414–1463) am 24. Oktober 1445 die bisherigen Bilsteiner Rechte und Freiheiten.

Das Amt Bilstein als Teil des Herzogtums Westfalen 1445–1554

Mit dem Erwerb der vereinten Herrschaft Bilstein-Fredeburg rundeten die Kölner Erzbischöfe ihr Territorium, das Herzogtum Westfalen, im Südwesten dauerhaft ab. Die organisatorische Zusammenfassung beider Länder Bilstein und Fredeburg lösten sie wieder auf. Diese wurden jeweils getrennt als Pfandobjekte vergeben, Bilstein an Graf Dietrich I. von Sayn (1420–1452). Dieser setzte Friedrich von Selbach 1445 als Amtsverweser ein.[37] Der auf Dietrich folgende Graf Gerhard II. von Sayn (1452–1493) verpfändete 1453 die Ämter Bilstein und Waldenburg an Johann von Hatzfeldt aus der Linie Wildenburg für 2.000 fl. weiter.[38] Johann von Hatzfeldt, der mit seiner zweiten Frau in Attendorn wohnte, operierte sehr geschickt mit seinen Finanzen, indem er sich als Gegenleistung für seinen Kredit an den Landesherrn weitere kölnische Ämter sicherte. 1458 stieg er zum Landmarschall im Herzogtum Westfalen auf. Im gleichen Jahr übertrug ihm Erzbischof Dietrich von Moers gegen den Widerstand des Sayner Grafen für 5.100 fl. die Ämter Bilstein und Waldenburg. Er verwaltete das Amt gemeinsam mit seinem gleichnamigen Bruder. Nach dem Tod der beiden Brüder 1478 bzw. 1482 gerieten die Erben in wirtschaftliche Schwierigkeiten. Sie mussten 1490 das Amt Bilstein an Verwandte, Richard von Viermund und die Gebrüder Riedesel verpfänden.[39] 1510 kaufte Ambrosius von Viermund den Gebrüdern Riedesel die Hälfte von Bilstein ab und übernahm das gesamte Amt als Pfand.[40] Als Amtmann setzte er zwischen 1520 und 1530 Bertram von Nesselrode ein.[41] 1531 lösten die Enkel von Johann von Hatzfeldt, Goddert und Franz, das Amt bei Ambrosius Viermund wieder aus.[42] Zwischen 1537 und 1554 übten die Kellner des Herzogtums Westfalen, Wilhelm von Hessen[43] und Simeon Schütte,[44] als Beauftragte des Landdrosten Johann Schungell die Funktion eines Amtmanns von Bilstein aus. Unter beiden waren die Ämter Bilstein und Fredeburg in Personalunion wieder verbunden. Schungell hatte dem Kurfürsten einen Kredit über 10.000 Goldgulden gewährt.[45] Für die dauerhafte Zugehörigkeit dieser Ämter zum Herzogtum Westfalen sorgten die Landstände in den Erblandesvereinigungen mit dem Kurfürsten. Getragen von Misstrauen gegen den Landesherrn schrieben sie regelmäßig wie z. B. 1583 fest: *Der Herr soll Bilstein, Fretburgh und Keyserswehrt* [Düsseldorf-Kaiserswerth] *bey dem Erzstifft Cölln behalten*.[46]

Die Gliederung von Amt und Quartal Bilstein 1536–1802

Bis zur Mitte des 16. Jahrhunderts gewann die Struktur des Amtes Bilstein dichtere Formen, wie aus den ältesten Schatzungslisten von 1536 und 1565 deutlich wird. Das Amt war 1536 unterteilt in die Kirchspiele Oberhundem, Kirchhundem, Rahrbach, Kirchveischede und Helden. Lenne gehörte erstmals 1565 zum Amt Bilstein. Die Freiheit Bilstein blieb außen vor und wurde – neben dem Ring Padberg – als kleinste der Freiheiten im Territorium veranschlagt. Bilstein wurde 1536 mit 14 Gulden taxiert, Padberg mit 12. Damit wurde die Leistungsfähigkeit Bilsteins nur un-

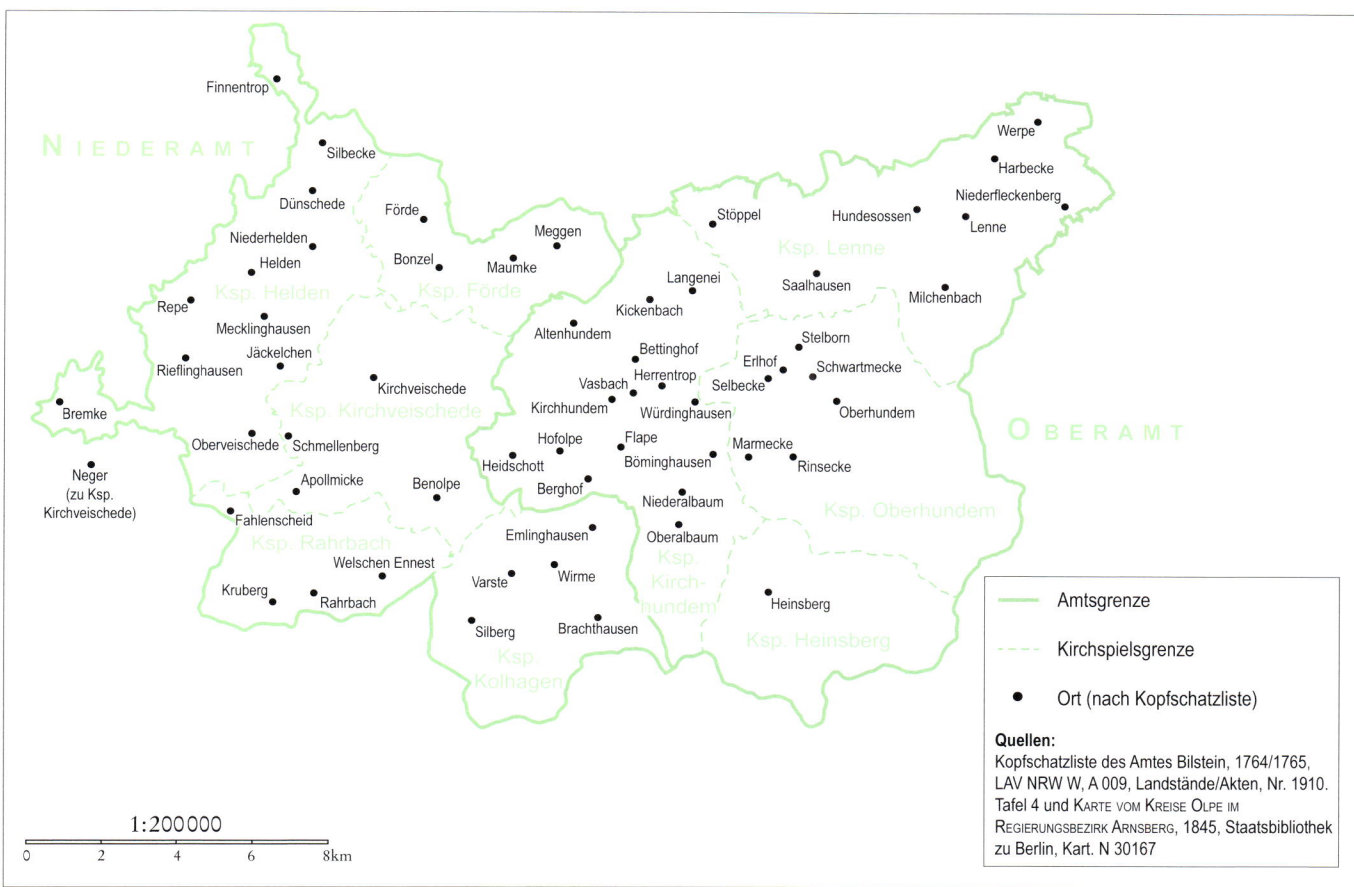

Abb. 10: Das Amt Bilstein mit seiner Aufteilung in Ober- und Niederamt im 18. Jahrhundert. Entwurf: Tobias Kniep.

wesentlich geringer eingeschätzt als bei Fredeburg. 1556 hatte sich das Bild aber deutlich gewandelt. Bilstein wurde mit dem doppelten Betrag gegenüber Padberg veranschlagt (24 zu 12 Gulden) und hatte Fredeburg (16 Gulden) deutlich übertroffen.[47] Die Aufteilung des Amtes Bilstein in ein Ober- und Niederamt ist erstmals zu Beginn des 17. Jahrhunderts aktenmäßig belegt, dürfte aber schon in das 16. Jahrhundert zurückgehen. Nach Abpfarrungen 1628 und 1655 umfasste das Oberamt Bilstein die Kirchspiele Kirchhundem, Oberhundem, Heinsberg, Kohlhagen und Lenne. Das Niederamt wurde 1611 um das Kirchspiel Förde erweitert, das aus dem Kirchspiel Elspe im Gericht Attendorn ausschied. Die Kirchspiele Helden, Kirchveischede und Rahrbach vervollständigten das Niederamt, in dem das Amtshaus auf der Burg Bilstein Kirchveischede zugerechnet wurde. Die militärischen Anforderungen im Dreißigjährigen Krieg bedingten die Aufteilung des gesamten Herzogtums in vier Quartale. Bilstein wurde namengebend für ein Gebiet, das neben dem gleichnamigen Amt u. a. die Gerichte Olpe, Drolshagen, Wenden, Attendorn, Oberkirchen sowie das Amt Fredeburg umfasste.[48] Auch die Erhebung der Steuern orientierte sich im späten 17. und 18. Jahrhundert an der Quartalsstruktur.

Die Zuständigkeit des Amtmanns beschrieb 1520 der landesherrliche Richter Gerhard Strückelmann.[49] Er übte für den Kölner Erzbischof alle „Hoheit, Gewalt, Herrlichkeit, Obrigkeit und Gerechtigkeit" im Amt Bilstein aus. Diese Herrschaft erstreckte sich auch über die Hochwildjagd und die Fischerei. Definiert war sein Bezirk noch über den Freibann, denn Strückelmann amtierte zugleich als Freigraf über die Freistühle zu Bilstein, Olpe, Wenden und Römershagen.[50]

Der 14. März 1556 bedeutete einen Einschnitt in der Geschichte von Bilstein. An diesem Tag wurde mit Friedrich von Fürstenberg (1510–1567) erstmals ein Mitglied dieser adligen Familie von der Linie Waterlappe (bei Ense-Bremen) zum Amtmann ernannt. Bis zum Ende des Alten Reiches 1802 sollte das Amt in Händen der Familie bleiben.[51] Friedrich von Fürstenberg war dritter Sohn des gleichnamigen Amtmanns von Werl. 1552 wurde er als kurfürstlicher Rat Mitglied der Arnsberger Regierung. Als 1564 der Kurfürst seine Bestallung erneuerte, verpfändete er dem Fürstenberger zugleich die Einkünfte aus dem Amt (*geltz, korn, lendereiwesen, gehöltz, mast, früchten, zins, bede, dienst, höner und dergleichen*). 400 Gulden daraus sollten dem Landesherrn zufließen, wurden aber verrechnet mit den 500 Gulden Zinsen aus dem Kredit von Schungel, in den der Fürstenberger eingetreten war.

Die Fürstenberger als Amtleute von Bilstein

Caspar von Fürstenberg (1545–1618) übernahm nach dem Tod seines Vaters 1567 die Verwaltung der Ämter Bilstein und Waldenburg und wurde endgültig 1570 als Herr von Haus Bilstein bestallt.[52] Nach seiner Heirat 1567 mit Elisabeth von Spiegel zu Peckelheim wählte er Bilstein als Wohnsitz. Hier wurden deren Kinder wie auch die aus der morganatischen Ehe mit Anna Busse geboren. Systematisch weitete er seinen Besitz aus. Neben Bilstein und Waldenburg übernahm er 1585 für ein Kapital von 6.000 Goldgulden das Amt Fredeburg als Pfand. Bereits 1573 war ihm die Erbvogtei über Kloster Grafschaft übertragen worden, verbunden mit umfangreichem Güterbesitz bei Oberkirchen. Er verfügte damit über „ein Territorium mittlerer Größe", das ein Viertel des Herzogtums Westfalen ausmachte.[53] Zwei Erwerbungen fanden seine besondere Aufmerksamkeit: das Landgut Hengste-

Caspar von Fürstenberg

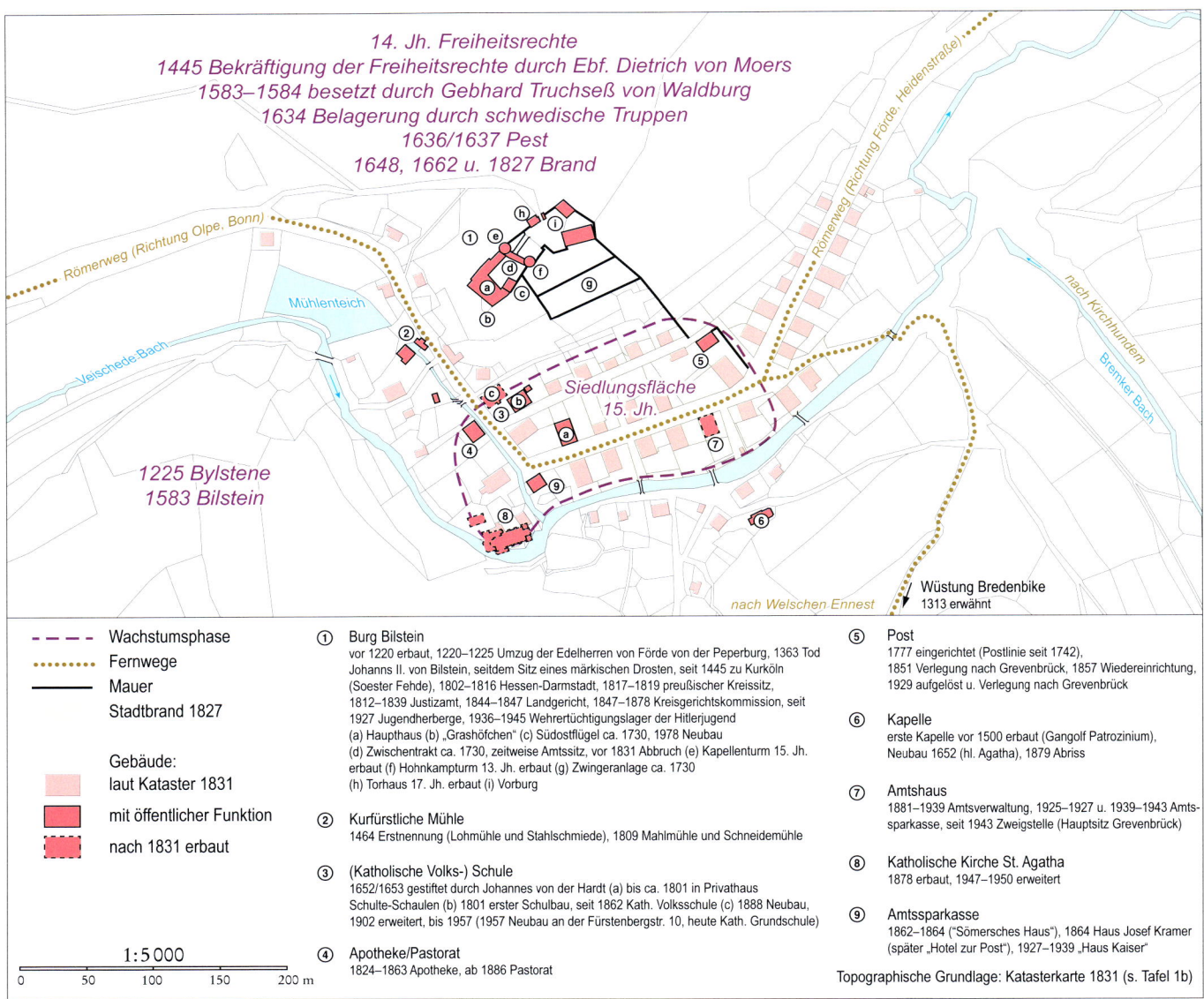

Abb. 11: Bilstein und seine topographische Entwicklung bis ca. 1831 (Stand der Interpretation), 1: 5000. Entwurf: Andrea Bräutigam/Tobias Kniep.

beck nordwestlich von Bilstein (1577) und das Schloss Schnellenberg bei Attendorn (1594). In Hengstebeck ließ er u. a. Obstgärten errichten. Der Ort diente zugleich als Refugium, auch als 1598 in Bilstein die Pest grassierte. 1607 verlegte er seinen Wohnsitz ganz nach Schnellenberg. Konsequenterweise strebte er die Aufnahme in die Reichsritterschaft an und stand „am Rande der Reichsunmittelbarkeit".[54]

Die Truchsessischen Wirren

Grundlage für die Besitzerweiterung war Fürstenbergs Parteinahme für die Gegenreformation. Als der Kölner Kurfürst Gebhard Truchseß von Waldburg (1577–1582) vom alten Glauben abfiel, hielt Fürstenberg zum Katholizismus. In den sog. Truchsessischen Wirren stand er auf Seiten des neugewählten Kölner Erzbischofs Ernst von Bayern (1583–1612). Er musste aber zulassen, dass Truchseß im Juni 1583 Haus und Amt Bilstein besetzte. Das von Fürstenberg aufgebotene Amtsvolk war für eine militärische Gegenwehr zu schwach. Fürstenberg floh nach Paderborn, während Truchseß seinen Besitz konfiszierte und im Bilsteiner Land plündern ließ. Als Truchseß nach sieben Wochen von Bilstein abzog, hinterließ er eine Besatzung auf Haus Bilstein. 1584 zeichnete sich die Niederlage des Truchseß am Niederrhein ab. Fürstenberg kehrte daraufhin zurück und belagerte Haus Bilstein mit einer Bauernmiliz. Am 11. April 1584 nahm er es wieder ein.

Bereits 1599 setzte Caspar von Fürstenberg seinen Sohn Friedrich (1576–1646) als Mitverwalter des Amtes Bilstein ein.[55] Er selbst übernahm Aufträge des Kurfürsten in der Reichspolitik und musste sich vor Ort oft vertreten lassen. 1613 ernannte der neue Kurfürst Ferdinand von Bayern (1612–1650) den schon schwer von der Gicht Gezeichneten zum Landdrosten des Herzogtums Westfalen. In dieser Funktion starb er 1618 in Arnsberg. In Bilstein folgte ihm nun endgültig der Sohn, der von 1610 bis 1618 dem mainzischen Oberamt Königstein im Taunus vorgestanden hatte. In der Zwischenzeit hatte Rentmeister Ludwig von Stockhausen die Verwaltung des Amtes Bilstein übernommen.

Friedrich (IV.) von Fürstenberg

Auf die Tätigkeit der Familie von Fürstenberg als Amtleute fällt ein Schatten.[56] 1629/30 wurden im Amt Bilstein 275 Männer und Frauen der Zauberei beschuldigt. 59 von diesen wurden in Bilstein angeklagt, 32 nachweislich zum Tode verurteilt, von denen 20 Männer waren.

Zaubereiprozesse

Friedrich von Fürstenberg diente seit 1624 – wie sein Vater – dem Kurfürsten als Landdrost. In dieser Eigenschaft oblag ihm bis zu seinem Tod 1646, die Folgen des Dreißigjährigen Krieges im Territorium und im Amt Bilstein zu bewältigen. 1622 wirkte sich der Einfall von Christian von Braunschweig in die Hellweg-

Die Bilsteinschen Redemptionsgelder

zone mittelbar in den Ämtern Bilstein und Waldenburg aus; Kontributionen und Sondersteuern belasteten das gesamte Land. Zu diesem Zweck lieh Friedrich von Fürstenberg gemeinsam mit seinem geistlichen Bruder Johann Gottfried, der reich mit Pfründen gesegnet war, den Landständen 20.000 Reichstaler. Im Gegenzug erhielt er vom Kurfürsten für sich und seine männlichen Erben die Ämter Bilstein und Waldenburg als Mannlehen, versehen mit hoheitlichen Rechten. Die Ritterschaft als adliger Landstand protestierte, weil eine solche Privilegierung der Fürstenberger gegen die Erblandesvereinigung verstieß und die Ämter vom restlichen Territorium trennte. 1637 einigten sich Fürstenberg und die Stände. Friedrich verzichtete auf die Belehnung, forderte aber die Erstattung der Schulden plus Zinsen. Erst 1653 konnte die Ritterschaft des gesamten Herzogtums den inzwischen auf 42.000 Reichstaler aufgelaufenen Betrag als sog. „Bilsteinsche Redemptionsgelder" erstatten.[57] Gleichzeitig wurde Haus Bilstein auf Dauer von landesherrlichen Steuern befreit.[58] Die adligen Landstände blieben jedoch misstrauisch und betrieben die Rückzahlung der älteren Pfandschaften der Fürstenberger. 1680 kam es nach sechsjähriger Verhandlung zu einem weiteren Vergleich. Das Haus Fürstenberg war mit der Ablösung einverstanden, sicherte sich aber auf Dauer die Drostenstelle in den Ämtern Bilstein und Waldenburg für 11.000 Reichstaler; hierfür erhielt es Hafer- und Geldabgaben, die eigentlich dem Landesherrn zustanden. Noch 1786 kam es wegen 50 Malter Hafer jährlich zu einem Prozess der Fürstenberger gegen die Bonner Hofkammer vor dem Reichskammergericht.[59]

Belagerung und Brand

Das Bilsteiner Land war im Dreißigjährigen Krieg v.a. durch Kontributionen, Truppendurchzüge und die Pest 1636/37 betroffen.[60] 1634 verlagerte sich das Kriegsgeschehen direkt hierher, als die Schweden Attendorn eroberten und die Landesfestung Bilstein belagerten. Der Verrat zur Übergabe von Schloss Bilstein an die Schweden wurde aufgedeckt, doch geriet ein Teil des Schlosses in Brand. Gegen Ende des Krieges brannte auch eine größere Zahl von Häusern in der Freiheit ab. Friedrich von Fürstenberg war währenddessen als Diplomat für den Landesherrn unterwegs. 1637 nahmen ihn hessische Söldner gefangen. Er floh aus der Haft aus Lippstadt und verbrachte die meiste Zeit bis zum Tod 1646 in Bonn. Seine Familie blieb in Bilstein wohnen; die Erziehung der jüngeren Söhne wurde dem dort als Quästor und später als Bürgermeister tätigen Johann von der Hardt († 1652) übertragen.[61]

Die Folgen des Krieges sollten noch lange das Land bedrücken. Bei der Eintreibung der Schatzungsgelder gingen die Beauftragten des Drosten nicht zimperlich vor. Weil zugleich die Bauern von den Feldern für Dienste in der Landmiliz abgezogen wurden, wuchs der Unmut gegenüber dem Hause Fürstenberg.[62] Die Not spiegelt sich im Kopfschatzregister der Freiheit Bilstein 1648 wider.[63] Von 26 Haushalten war die Hälfte verschuldet oder arm und deswegen ganz oder teilweise von den Steuern befreit.

Zwischen 1648 und 1802 entfernten sich die Fürstenberger zunehmend von Bilstein, dem offiziellen Sitz des Amtes. Friedrich (V.) von Fürstenberg (1618–1662), der 1646 seinem Vater folgte, brachte zwar seine Familie in Bilstein unter, doch übertrug er Dritten die Verwaltung von Amt und Burg, weil er als Vertrauter von Kurfürst Maximilian Heinrich diplomatische Aufträge übernahm. Die Haushaltung auf der Burg übertrug der Drost 1652 dem Burggrafen Heinrich Gastreich.[64] Nach Friedrichs frühem Tod sprang sein jüngster Bruder Johann Adolf (1631–1704) zwischen 1662 und 1682 stellvertretend für seine minderjährigen Neffen als Drost ein. Er errichtete 1676 die Adolfsburg bei Oberhundem, die er als Hauptwohnsitz wählte. Auch sein Neffe Ferdinand (1661–1718) residierte auf der Adolfsburg, auf Burg Schnellenberg oder in Herdringen; er pflegte engste Beziehungen zu den Kölner Kurfürsten. Auch seine Nachfahren favorisierten Schnellenberg oder die Adolfsburg, während in Bilstein Rentmeister und Richter das Amt Bilstein verwalteten.

Das Rentmeisteramt kristallisierte sich nach dem Dreißigjährigen Krieg als Zentrum der Amtsverwaltung heraus. Zur Mitte des 17. Jahrhunderts übte es der Bilsteiner Bürgermeister Johann von der Hardt aus. Unter Franz Wilhelm Meyer (1677–1691) war es in Personalunion mit dem Amt des landesherrlichen Richters verbunden. Rentmeister Johann Everhard Höynck (1691–1712) stammte aus einer Juristenfamilie. 1722 begann die Ära der Rentmeister aus der Familie Freusberg.[65] Johann Adolf Freusberg (1696–1774), verheiratet mit einer Tochter Höyncks, amtierte bis 1774 nicht nur als Rentmeister, sondern auch als Richter. Sein Sohn Johann Josef Ferdinand Freusberg (1725–1800) half ihm seit 1749 als Adjunkt, nachdem sich der Vater die Nachfolge durch ein kurfürstliches Dekret hatte sichern lassen. Die für den Sohn ausgestellte Instruktion vom 7. Juni 1749 beschrieb präzise die Aufgaben eines Bilsteiner Rentmeisters: Er sollte insbesondere alle Geld- und Naturalrenten einnehmen, Verpachtungen registrieren, die Waldungen pflegen sowie die Amtsrechnungen und ein Heberegister führen.[66] 1793 verzichtete er zugunsten seines Sohnes Caspar Ferdinand (1764–1837). Als späterer erster Landrat des Kreises Olpe verkörperte er die Kontinuität zwischen Ancien Régime und Preußenzeit.[67] Wie alle Freusbergs war er familiär mit der Funktionselite des Herzogtums Westfalen verbunden. Von seiner 1796 geheirateten Frau Sophie Bigeleben, der Tochter eines Arnsberger Rates, hieß es, sie ziehe „nach Bilstein, ein wahres Sibirien".[68] Den Rentmeistern und Richtern des Amtes Bilstein assistierten seit 1582 fast durchgängig die Gerichtsschreiber aus der Familie Vasbach, die das Amt jeweils vom Vater auf den Sohn vererbten.[69]

Amtsverwalter, Rentmeister, Richter in Bilstein

Auch der entlegene Ort Bilstein und das gleichnamige Amt hatten unter den Kriegen des 18. Jahrhunderts zu leiden. Die Auswirkungen des Siebenjährigen Krieges (1756–1763) belasteten das Sauerland stärker als der Dreißigjährige Krieg. Die kriegführenden Parteien verpflegten sich aus dem Land.[70] Gravierend waren die Verluste der bäuerlichen Ökonomien an lebendem Inventar. Sie verloren Pferde, Kühe, Schweine und Schafe, die requiriert wurden. Für ihre Fortbewegung benötigten die Armeen Fuhrwerke und Zugtiere. Soldaten mussten auf Märschen und in Winterquartieren ernährt werden. Der Ausbau von Lippstadt und anderen Festungsstädten erforderte Arbeitskräfte, die auch aus dem Herzogtum Westfalen – darunter vier aus der Freiheit und 80 aus dem Amt Bilstein – kamen. 1759 wurde das Amt Bilstein verstärkt zu Schatzungen herangezogen, weil es im Gegensatz zur Hellwegzone unmittelbar weniger stark belastet war.[71] Kontributionen und weitere außerordentliche Schatzungen pressten das Land aus.[72]

Die Kriege des 18. Jahrhunderts

Abb. 12: Schrägluftbild der Freiheit und Burg Bilstein von Westen. Foto Hansa Luftbild, 1932.

Der Milchenbacher Fuhrmann Tröster notierte: „Alle Menschen auf dem platten Lande sind an Feld, Vieh, Früchten, Fleisch, Butter und Futter und allen Lebensmitteln aufgezehrt, so daß ein entsetzlicher Hunger ins ganze Land gekommen ist, wenn nicht die sich den Hunger mit Kartoffeln gestillt hätten."[73] Am Ende des Krieges lagen die kriegsbedingten Schulden der Landstände bei mehr als einer Million Reichstalern, die bis zum Ende des Alten Reiches trotz ständiger Schatzungen nicht abbezahlt waren.

Die Koalitionskriege, die Preußen und Österreich seit 1792, seit 1793 auch das Reich, gegen Frankreich führten, strahlten unmittelbar auf Westfalen und das Bilsteiner Land aus.[74] Die infolge des Basler Friedens zwischen Preußen und Frankreich südlich der Ruhr stationierten französischen Truppen waren aus dem Land zu versorgen und mit Fourageleistungen zu bedienen, gleichzeitig musste die Beteiligung am Reichsheer finanziert werden.[75] Hieraus erwuchs erneuter Steuerdruck auf die Bevölkerung. Die Koalitionskriege führten zu einer Neuverschuldung des gesamten Herzogtums von 900.000 Reichstalern. Das Amt Bilstein litt durch die französische Einquartierung von 1796 bis 1800 stärker als die Hellwegzone. Insbesondere die Einquartierung 1806 sorgte dafür, dass viele Bewohner der Freiheit noch zehn Jahre später Schulden drückten.[76]

Stadtgeschichtlich gehört Bilstein zum Typus der Burgfreiheiten. Die in unmittelbarer Nachbarschaft von Burgen an strategisch wichtigen Punkten entstandenen Orte erhielten städtische Rechte. Vergleichsfälle in Westfalen sind Altena, Blankenstein, Wetter sowie – als Gründung der Edelherren von Bilstein – Fredeburg. Der Ort entwickelte sich nördlich des Veischedebaches auf dem nur rund 100 Meter breiten Talboden unterhalb des Burgberges in unregelmäßiger Form. Die Burg liegt ca. 50 Meter oberhalb der Freiheit. Im 15. Jahrhundert wurde die Siedlung, die eine Fläche von lediglich 2,5 Hektar umfasste, mit einer Mauer und einem Graben umgeben,[77] die noch auf den Zeichnungen Roidkins im 18. Jahrhundert dokumentiert sind. Zwei Tore („Pforten") gewährten Durchfahrten auf der Durchgangsstraße von Förde nach Kirchveischede. Parallel (nördlich) zu ihr verliefen innerhalb der Freiheit zwei weitere Wege, wovon einer im Brandplan von 1827 explizit als Fußweg bezeichnet wird. Verbindungen nach Benolpe entlang der Bremke und über eine Brücke zur Hohen Bracht und nach Kirchhundem zweigten in Bilstein ab. Am westlichen Ortsausgang in Richtung Kirchveischede lag die Mühle, die ihr Wasser aus einem Mühlenteich bezog, das über einen Untergraben in die Veischede abgeleitet wurde. Als Bannmühle eines weiten Umlandes war sie ein einträglicher Betrieb. Der Mühlengraben bot Antriebsenergie für eine 1464 bezeugte Stahlschmiede und eine zur selben Zeit nachzuweisende Lohmühle, die noch im 16./17. Jahrhundert bestand. Bilstein besaß wegen der Nachbarschaft des älteren Pfarrorts Kirchveischede (ca. 1,5 km entfernt) nur eine Kapelle mit Gangolf-Patrozinium auf dem „Weerth", einer Flussinsel südlich der Veischede mit Nebenarm. Sie wurde vor 1500 errichtet. Das Patronat lag in der Hand der Bürger und des Amts. Johannes von der Hardt stiftete für sie 1652 eine Vikarie, die der hl. Agatha geweiht war. Zur Stiftung gehörte auch die 1653 eingerichtete Schule.

Das älteste Wortzinsregister von 1552 weist 23 Hausstätten nach. Sie waren auf Grundstücken errichtet, die ursprünglich zur Burg gehörten und für die die Bewohner einen sehr geringen Erbzins zahlten, der gerade für die Besoldung des Turmwächters auf der Burg ausreichte. Die Zahl der Einwohner lässt sich für das

16./17. Jahrhundert auf 150 bis 200 schätzen. Am Ende des Dreißigjährigen Krieges wurden 26 Haushaltungen gezählt. Mit der zweiten Hälfte des 17. Jahrhunderts begann dann ein allerdings nur leichtes Wachstum. Das relativ genaue Schatzungsregister von 1717 benennt 158 Personen in 33 Haushalten. Hinzu kamen 16 Personen auf der Burg. 1775 zählte das Kopfschatzregister bereits 262 Personen, während die Zahl der Haushalte mit 32 stagnierte. Die Statistik wies 1805 32 Wohnhäuser mit 298 Einwohnern aus. Ursache für das Einwohnerwachstum war die Zunahme der Zahl der Beilieger, die in Backhäusern, Speichern oder sonstigen Nebengebäuden wohnten. Sie waren keine vollberechtigten Bewohner und sie besaßen kein Recht auf Versorgung mit Holz aus den umliegenden Waldungen. 1801 beschloss die Freiheit, dass „die Anzahl der Beilieger, die jetzt hier angenommen sind, nicht vermehrt werden" soll.[78] Stoppen ließ sich das Wachstum dadurch nicht; 1818 zählte Bilstein bereits 377 Einwohner (vgl. Tab. 1, S. 21).

Die meisten Einwohner ernährten sich von der Landwirtschaft. Sie betrieben kleine und kleinste Kotten und übten wahrscheinlich zusätzlich Nebenberufe aus.[79] Vor dem Dreißigjährigen Krieg bestanden Schmelzhütten sowie eine Lohmühle, die 1666 jedoch verfallen war.[80] 1648 nennt das Kopfschatzregister lediglich einen Schuster, einen Schneider, zwei Brauer, davon einen im Nebenerwerb, einen Leineweber und einen Dachdecker im Nebenerwerb sowie einen Krämer. Handwerkliche Hauptberufe gaben 1775 drei Schuster, zwei Schneider, zwei Hufschmiede sowie je ein Schreiner, Maurer, Leineweber und Müller an. Als Sohn eines Kötters hatte sich ein Blaufärber niedergelassen. Wohlstand signalisierte der Viehbesitz, v.a. die Anzahl der gehaltenen Pferde. Registrierten die Viehschatzungen 1760 – wohl wegen der Requisitionen im Krieg – nur fünf Pferde in der Freiheit, so waren es 1772 bereits 28 und 1777 37. Gleichzeitig wuchsen die Bestände an Rindern (1760: 184; 1772: 217; 1779: 267) und Schafen (137; 163; 182). Für die Schafe beschäftigte die Freiheit einen eigenen Schäfer. Wenig verbreitet war die Schweinezucht, während die Ziegen selbst 1760 in jedem Haushalt gehalten wurden. Spitzenreiter in der Viehhaltung war Bürgermeister Christoph Brill, der 1777 vier Pferde, zehn Rinder, neun Schafe und drei Schweine hielt. Brill lebte vom Weinhandel, amtierte seit 1740 und gab um 1780 sein Geschäft an seinen Sohn Valentin weiter. Auf ihn folgte als Bürgermeister von 1796 bis 1812 Adam Brill. Durch ihre Handelsgeschäfte legten sie die Grundlage für eines der erfolgreichsten Unternehmen im Kreis Olpe im 18. Jahrhundert, die Tabakfabrik Gebr. Brill.

Ein Grund für den behutsamen wirtschaftlichen Aufschwung der Freiheit im späten 18. Jahrhundert war das Verkehrswesen. Der Fernweg von Frankfurt und Siegen führte von Welschen Ennest und Benolpe über Bilstein und die Grevenbrücke in Richtung Arnsberg und Hellweg. Seit 1784 wurde diese Strecke zugleich als Verbindung zwischen der Bonner Residenz des Kölner Kurfürsten und dem Regierungssitz des Herzogtums Westfalen in Arnsberg genutzt. Sie bog nördlich von Olpe bei Griesemert in Richtung auf das Veischedetal ab. Die Einrichtung einer Poststrecke zwischen Frankfurt und Münster wertete Bilstein weiter auf, denn Bürgermeister Brill gelang es 1777, die Poststation von Kirchveischede nach Bilstein zu verlegen. Die Strecke profitierte vom boomenden Metallgewerbe im Sieger- und Sauerland, wenngleich das Wegegeld, das an der Barriere in Bilstein erhoben wurde, deutlich gegenüber Olpe, Altenkleusheim und Drolshagen zurückblieb.[81]

Die Siedlungen im heutigen Gebiet von Lennestadt vor 1802

Im Gebiet der heutigen Stadt Lennestadt war die Freiheit Bilstein im 18. Jahrhundert, gemessen an der Zahl der Haushaltungen, bei Weitem nicht die bevölkerungsreichste Siedlung.[82] Nach den Schatzungsregistern von 1764 bzw. 1775 lagen Saalhausen (42 Haushaltungen), Elspe (42) und Altenhundem (34) vor Bilstein (32). Dorfcharakter hatten auch Melbecke (29), Theten (24), Kirchveischede (23), Milchenbach (22), Oberelspe (22), Förde (21) und Oedingen (19). Charakteristisch für das Gebiet waren jedoch zugleich Weiler mit bis zu 15 Häusern wie Meggen (14), Burbecke (14), Maumke (11), Halberbracht (10), Bonzel (9), Langenei (9), Obervalbert (8), Oedingerberg (8), Kickenbach (7), Schwartmicke (6) und Hachen (6). Daneben standen Einzelhöfe, die in den Schatzungslisten des 18. Jahrhunderts nicht durchgängig vorkamen. Erst die Bevölkerungszählung von 1818 wies sie vollständig aus: Schmellenberg (3), Stöppel (3), Pettmecke (2) und Bruchhausen (1). Haus Valbert im Besitz der adligen Familie von Ketteler (4) und Hengstebeck (2) als Domäne der Familie von Fürstenberg waren ebenso Sonderfälle wie die Einsiedelei im Tal der Quermke, die seit 1731 bestand, 1810 säkularisiert und 1811 zur Försterei umgewidmet wurde. Die überkommene Siedlungsstruktur blieb bis in das 20. Jahrhundert erhalten und wurde durch industriell bedingte Siedlungen angereichert. Dies sorgt dafür, dass Lennestadt heute aus 43 Ortschaften in Streulage besteht.

Hammer- und Hüttenwerke im Tal der Lenne und ihrer Nebenflüsse

Das Tal der Lenne und ihrer Nebenflüsse war Teil der alten Montanregion Sauerland.[83] Am Unterlauf des Lennezuflusses Störmicke lag ein nach 1760 durch den Schöffen Finke aus Saalhausen angelegter Stahlhammer. Ein Hammerwerk lief in Saalhausen seit dem späten Mittelalter. 1612 lagen hier zwei Hämmer, die um 1690 durch den Christeshammer an der Mündung der Gleie in die Lenne erweitert wurden. Von Saalhausen, wo seit 1756 die Gebrüder Mette Bleigruben betrieben, organisierte Anton Gerlach einen schwunghaften Eisenhandel mit dem Raum Dillenburg.[84] In Langenei lassen sich erstmals 1611 Hammerwerke nachweisen. 1746 besaßen die Fürstenberger hier zwei Hämmer. Ein weiteres Werk, der Kleehammer, wurde 1775 angelegt. Es war 1783 im Besitz der Familien Kayser und Brocke (Olpe). Reidemeister Johann Jörgen Kayser gehörte seit 1767 der Stahlhammer an der Kickenbacher Brücke; 1784 legte er unterhalb an der Lenne einen weiteren Hammer an. Kayser arbeitete eng mit der Wendener Hütte zusammen. Zwischen Kirch- und Altenhundem lag ein Rohstahlhammer (Altenohl?), der 1810 in den Besitz der Firma Flender & Söhne in Kräwinklerbrücke bei Remscheid überging. Auf der Grundlage der Eisenvorkommen bei Halberbracht legten Olper Gewerken 1727 eine Hütte bei Meggen an, die jedoch 1786 bereits verfallen war. An ihrer Stelle entstand ein Stückhammer. Das Schiefervorkommen bei Maumke wurde schon im 16. Jahrhundert wirtschaftlich genutzt. Eisen wurde in Maumke diskontinuierlich seit dem Mittelalter verarbeitet. Der 1779 von Peter Anton Brocke angelegte Stahlhammer war eine Neugründung. Der Veischedebach trieb um 1800 zwei Hammerwerke. Bei Kirchveischede lag ein Rohstahlhammer im Besitz von Theodor Heuell aus

Abb. 13: Der Bonzeler Hammer auf einem Ausschnitt der Flurkarte „Girshagen" (Flur 5) von 1831.

Olpe. Oberhalb von Bonzel stand ein Stückhammer, der ebenfalls in Olper Besitz war. Am Elspebach lagen zwischen der Grevenbrücke und Oedingen um 1800 nur Papier-, Öl-, Mahl- und Schneidemühlen.[85] Dennoch war das Kirchspiel Elspe kommerziell ausgerichtet. In einem Viertel der 42 Haushalte des Kirchdorfs saßen Handels- und Fuhrleute. Auch Oberelspe war vom Handels- und Transportbetrieb geprägt. In Oedingen war Landhandwerk vertreten, u.a. mit einem Uhrmacher, der eine Kleinmanufaktur betrieb.

Die in vorindustrieller Zeit gefundene Wirtschaftsstruktur wirkte langfristig weiter, denn sie bot Ansätze für die Entwicklung im 19. Jahrhundert.

Hessen-Darmstädtisches Zwischenspiel

Am 6. September 1802 überschritten Truppen des Landgrafen von Hessen-Darmstadt im Vorgriff auf den Reichsdeputationshauptschluss von 1803 die Landesgrenze bis Olpe.[86] Tags darauf zogen sie über Bilstein in Richtung Arnsberg weiter und besetzten Olpe. Am 8. September war mit der Einnahme Arnsbergs die Besetzung des Herzogtums Westfalen abgeschlossen. Die gut 13 Jahre, die das Herzogtum dem Großherzogtum Hessen-Darmstadt angehörte, haben bleibende Spuren hinterlassen, denn die ständische Verfassung des Ancien Régime und die starke Stellung der Ritterschaft gehörten seitdem der Vergangenheit an. Neue Verwaltungsstrukturen hielten Einzug. Die Familie von Fürstenberg musste gegen eine Abfindung ihr Erbdrostenamt abgeben. Neuer Amtmann wurde Caspar Ferdinand Freusberg, der das bisher ausgeübte Richteramt zunächst behielt. Nach einer kleinen Korrektur der Amtsbezirke (das Kirchspiel Helden schied aus dem Amt Bilstein aus und kam zu Attendorn) wurde am 18. Juni 1808 die Schultheißenordnung eingeführt. Der Amtsbezirk Bilstein wurde in 19 Schultheißenbezirke aufgeteilt (u.a. Kirchveischede, Saalhausen, Altenhundem, Förde, Meggen). Elspe und Oedingen gehörten zum Amt Attendorn. 1811 wurde die Schultheißenordnung auf die Städte und Freiheiten übertragen. Die Freiheit Bilstein verlor ihre Privilegien und wurde in den Bezirk (Kirch-)Veischede integriert. Die neue Landesregierung versuchte auch eine Reform der Grundsteuergesetzgebung durchzuführen. In diesem Zusammenhang sollte eine Neuvermessung des Territoriums erfolgen, die zur Anlage eines trigonometrischen Netzes und einer Parzellarvermessung führte. Eine Kartierung erfolgte indes für die einzelnen Schultheißenbezirke nicht. Allerdings wurde ein Flurbuch angelegt. In Bilstein wurden 34 Wohngebäude und 25 Nebengebäude, eine Schneide- und eine Mahlmühle sowie ein Backhaus erfasst.[87]

Verwaltungsgeschichte 1816–1969

Im Gefolge des Wiener Kongresses fiel das ehemalige Herzogtum Westfalen an das Königreich Preußen. Die administrative Geschichte der ehemaligen Freiheit Bilstein seit 1816 lässt sich beschreiben als allmählicher Verlust von zentralörtlichen Funktionen.[88] Dieser war v.a. der ungünstigen Verkehrslage geschuldet (vgl. übernächster Abschnitt). Nach der Integration des ehemaligen Herzogtums in den preußischen Regierungsbezirk Arnsberg schien sich 1816/17 das Blatt zugunsten von Bilstein zu wenden, denn der bisherige Amtssitz wurde Sitz eines der 13 neu gebildeten Landkreise im Regierungsbezirk. Der künftige Landrat Caspar Ferdinand Freusberg hatte erfolgreich damit geworben, dass Bilstein in der Mitte des Kreises liege. So nahm er am 15. April 1817 auf Burg Bilstein seine Tätigkeit als Landrat mit nur zwei Mitarbeitern auf. Schon bald zeigte sich, dass Bilstein nur schlecht zu erreichen war. Kein geringerer als der Oberpräsident Vincke erfuhr dies, als er am 24. Mai 1818 den Kreis inspizierte und nacheinander Bilstein, Olpe und Attendorn besuchte. Er schloss den Eintrag in sein Tagebuch an diesem Tag mit den Worten: „ein schwerer, saurer Tag!".[89] Schon im Juni 1818 fiel die Entscheidung – gegen Proteste aus Attendorn –, den Kreissitz nach Olpe zu verlegen. Im Frühjahr 1819 zog Freusberg nach Olpe um.

Schleichender Funktionsverlust

In Bilstein verblieben zunächst noch einige Behörden in Fortsetzung der älteren Strukturen. Hier saßen 1822 der Schultheiß des Bezirks Veischede Christoph Schmeltzer, je ein Steuereinnehmer, Amtsarzt, -chirurg und -tierarzt, ein Domänenrentmeister, ein Oberförster, ein Wegebeamter und ein Posthalter. 1824 erhielt hier Apotheker Goebel aus Attendorn die Konzession für die einzige Apotheke im östlichen Kreis Olpe. 1833 besuchte Kronprinz Friedrich Wilhelm Bilstein. Bei der Auflösung der Schultheißenbezirke 1827 wurde Bilstein eine Bürgermeisterei, zu der die Kirchspiele Elspe, Förde, Kirchveischede und Rahrbach gehörten. Sie bestand nach der Einführung der westfälischen Landgemeindeordnung 1843/44 als neues Amt Bilstein weiter. Franz Joseph Hartmann fungierte bis 1881 als langjähriger Amtmann. Die preußische Landgemeindeordnung von 1856 ließ diese Gliederung unangetastet.

1839 verlor Bilstein sein in Hessen-Darmstädtischer Zeit eingerichtetes Justizamt, das auf die Gerichte Fredeburg und Olpe aufgeteilt wurde. Hartmann kämpfte dafür, Ersatz zu schaffen. So wurde Bilstein kurzzeitig von 1844 bis 1847 Sitz eines Landgerichts und danach Sitz einer der fünf Standorte der Kreisgerichtskommission, deren Amtsbezirk das Amt Bilstein (ohne Rahrbach) und Teile des Amtes Serkenrode im Kreis Meschede umfasste. Dieses Gericht ging 1878 im Amtsgericht mit Sitz in Förde auf. Die Oberförsterei wanderte 1859 nach Hilchenbach ab; in Bilstein verblieb nur die Revierförsterei. 1863 siedelte die Apotheke nach Altenhundem über und behielt in Bilstein

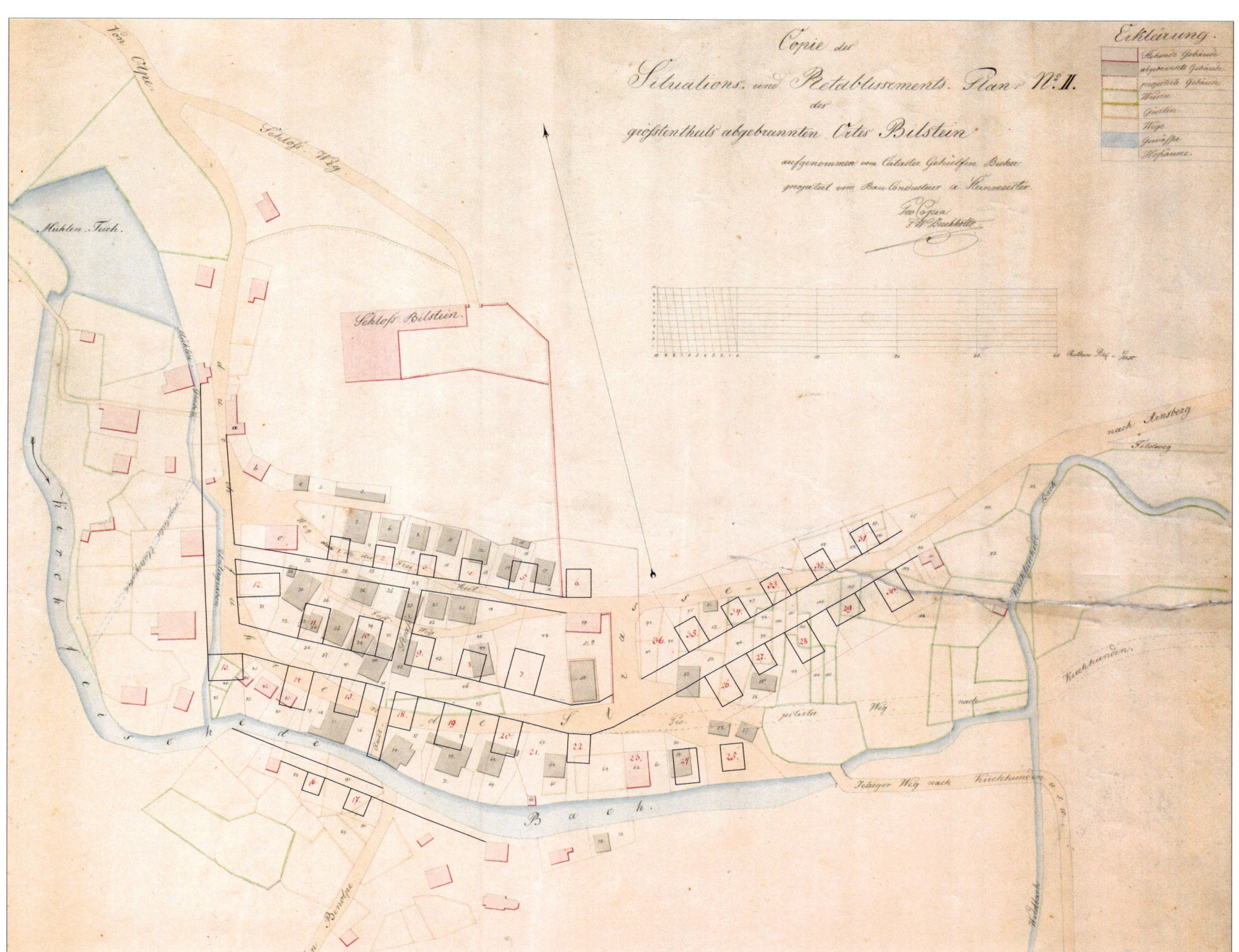

Abb. 14: *Copie des Situations- und Retablissements- Plan No. II des größtentheils abgebrannten Ortes Bilstein*, ca. 1827. Der Brandplan zeigt den ursprünglichen Grundriss der Freiheit, vor dem planmäßigen Wiederaufbau mit seiner begradigten Straßenführung. „Stehende Gebäude" sind in rot, „abgebrannte Gebäude" in grau, „projectirte Gebäude" und Straßenführung in schwarz umgezeichnet.

nur eine Filiale. 1866 verlegte der Arzt Dr. Achtermann seine Praxis nach Förde. 1896 wurde die Rentmeisterei aufgehoben und der Rentmeister nach Siegen versetzt. Das Katasteramt für das Amt Bilstein wurde 1910 von vornherein in Grevenbrück gebaut.

Die Hauptstelle der 1861 gegründeten Amtssparkasse siedelte 1943 nach Grevenbrück um, wohin bereits 1930 die Amtskasse verlegt worden war. 1939 folgte die Amtsverwaltung. Dies war der finale Akt einer Behördenverlagerung von Bilstein v.a. in das Lennetal, das den Vorteil einer besseren Verkehrsanbindung hatte. Der Bezirk des Amtes Bilstein blieb bis zur kommunalen Neuordnung 1969 bestehen.

Der Brand 1827

Bereits 1662 wurde Bilstein durch eine große Feuersbrunst bis auf wenige Häuser eingeäschert.[90] In der Nacht vom 30. auf den 31. Juli 1827 brach erneut in der Freiheit ein verheerendes Feuer aus, das die vorangegangene Dürre und starke Winde begünstigten.[91] Zwei Frauen starben; 28 Wohnhäuser und 13 Nebengebäude fielen den Flammen zum Opfer. Vielfältige Unterstützung, u.a. durch Abgabe von Bauholz zu ermäßigten Preisen, ermöglichte einen raschen Wiederaufbau bis zum Herbst 1828. Die Neubauten passten sich mit vergrößerten Abständen und neuer Straßenführung in den aktuellen Chausseebau für die Militärstraße von Minden nach Koblenz ein. Genau einhundert Jahre später, 1927, wurde die Feuerwehr Bilstein gegründet, die 1964 beim Brand eines Bauernhauses mit den Wehren der Nachbarschaft größeren Schaden verhinderte.

In Bilstein florierte im 19. Jahrhundert die Tabakindustrie.[92] Sie geht auf den Kaufmann Johann Wilhelm Brill zurück, der 1809 von seinen Fahrten in die Pfalz Rohtabak mitbrachte und in Kirchveischede verarbeiten ließ. Seine Söhne Johann und Heinrich setzten das Geschäft unter der Firma „Gebr. Brill" in Bilstein fort und nahmen um 1855 die Zigarrenfabrikation auf. Sie betrieben Filialen in Attendorn und

Wirtschaft und Bevölkerung in der ehemaligen Freiheit Bilstein

Tabakindustrie

Abb. 15: Innenhof der Burg Bilstein, seit 1927 Jugendherberge. Foto Hans Hild, 1959.

Abb. 16: Aussichtsturm auf der Hohen Bracht (582 m) südlich von Altenhundem, erbaut 1930. Foto Lindemann, ca. 1959.

Drolshagen. Drei weitere Tabakfabriken folgten: 1855 die Brüder Josef und Johann Behrens (auch sie gründeten Filialen im Kreisgebiet); 1873 F. Bockheim und T. Müller; 1893 P. Kampschulte & Heupel. Zwei Betriebe bestanden bis nach 1945. „Gebr. Brill" stellte die Produktion 1957 ein, „Gebr. Behrens" 1974. 1875 waren in der Branche im Kreis Olpe 350 Arbeiter und Arbeiterinnen beschäftigt, um 1900 über 500. Größter Betrieb in Bilstein war „Gebr. Brill", die 75 Arbeiterinnen und Arbeiter beschäftigten, „Gebr. Berens" und „Bockheim & Müller" je 50. 1902 konstituierte sich in Bilstein eine Ortsgruppe des Verbandes christlicher Tabak- und Zigarrenarbeiter.[93] Den hohen Anteil der Frauenarbeit in dieser Branche dokumentiert das Adressbuch von 1928[94], das in Bilstein 22 Tabak- oder Fabrikarbeiterinnen ausweist.

Weiteres Gewerbe fehlte allerdings in Bilstein. Lediglich aus der Mühle ging zunächst die Gerberei von Johann Anton Rinscheid hervor, hieraus der holzverarbeitende Betrieb des Gutsbesitzers Heinrich Rinscheid. 1936 entstand an diesem Platz das Press- und Stanzwerk „Bade & Rinscheid", das 2014 den Betrieb nach Olpe verlagerte.

Tourismus

Eine weitere Erwerbsquelle erschloss sich Bilstein im Fremdenverkehr seit den 1890er Jahren, nicht zuletzt gefördert durch den 1891 gegründeten Sauerländischen Gebirgsverein. 1899 bestand eine Abteilung des SGV in Bilstein. Zwar waren die Übernachtungskapazitäten begrenzt, doch 1899 warb das „Hotel zur Post" mit „höchst romantischen Ausflügen für Sommerfrischler, Touristen und Vereine".[95] Im Rückblick warb Bilstein 1937/38 damit, „der älteste und schönste Luftkurort des Süd-Sauerlandes" zu sein.[96] Im Ort gab es neben dem Hotel zur Post drei weitere Gasthöfe und vier Pensionen. Zusammen verfügte der Ort über 167 Betten. Die Jugendherberge, die 1927 auf Schloss Bilstein eröffnet wurde, machte den Namen Bilsteins im westdeutschen Raum bekannt. Sie galt damals als die zweitgrößte Jugendburg Deutschlands.[97] Mit dem Tourismus wurde 1929 der Bau einer Kläranlage begründet. Anfang der 1930er Jahre wurde das Naturbad im Veischedetal gebaut, das erste moderne Freibad im Kreis Olpe (seit 2003 renoviert als „Aqua Fun"). Mit dem 1930 eingeweihten Aussichtsturm auf der Hohen Bracht gewann Bilstein eine weitere Attraktion.[98] Bereits 1931 nutzte ein Skiclub das Gelände zum Wintersport. Er entstand 1950 in Altenhundem neu und betrieb Skilift und Loipen. In der unmittelbaren Nachkriegszeit war die Hohe Bracht ein Anziehungspunkt. 1951 wurden über 80.000 Turmbesteigungen registriert. Bis in die 1970er Jahre hatte der Tourismus in Bilstein Konjunktur. 1975 gab es sechs Hotels, elf Pensionen und acht Privatpensionen. Zwischen Oktober 1972 und September 1973 buchten 12.724 Gäste 63.903 Übernachtungen.[99] Dann lief der Biggesee Bilstein den Rang als Tourismusmagnet im Kreis Olpe ab. In der Gegenwart ist der seit 2021 anerkannte Kneippkurort Saalhausen unter dem Motto „TalVital" touristisches Zentrum von Lennestadt. Ein Magnet sind seit 1974 die Karl-May-Festspiele in Elspe. Ihr Ursprung

Abb. 17: Postkarte des Hotels Faerber-Luig, 1960er Jahre, heute Hotel Bilstein.

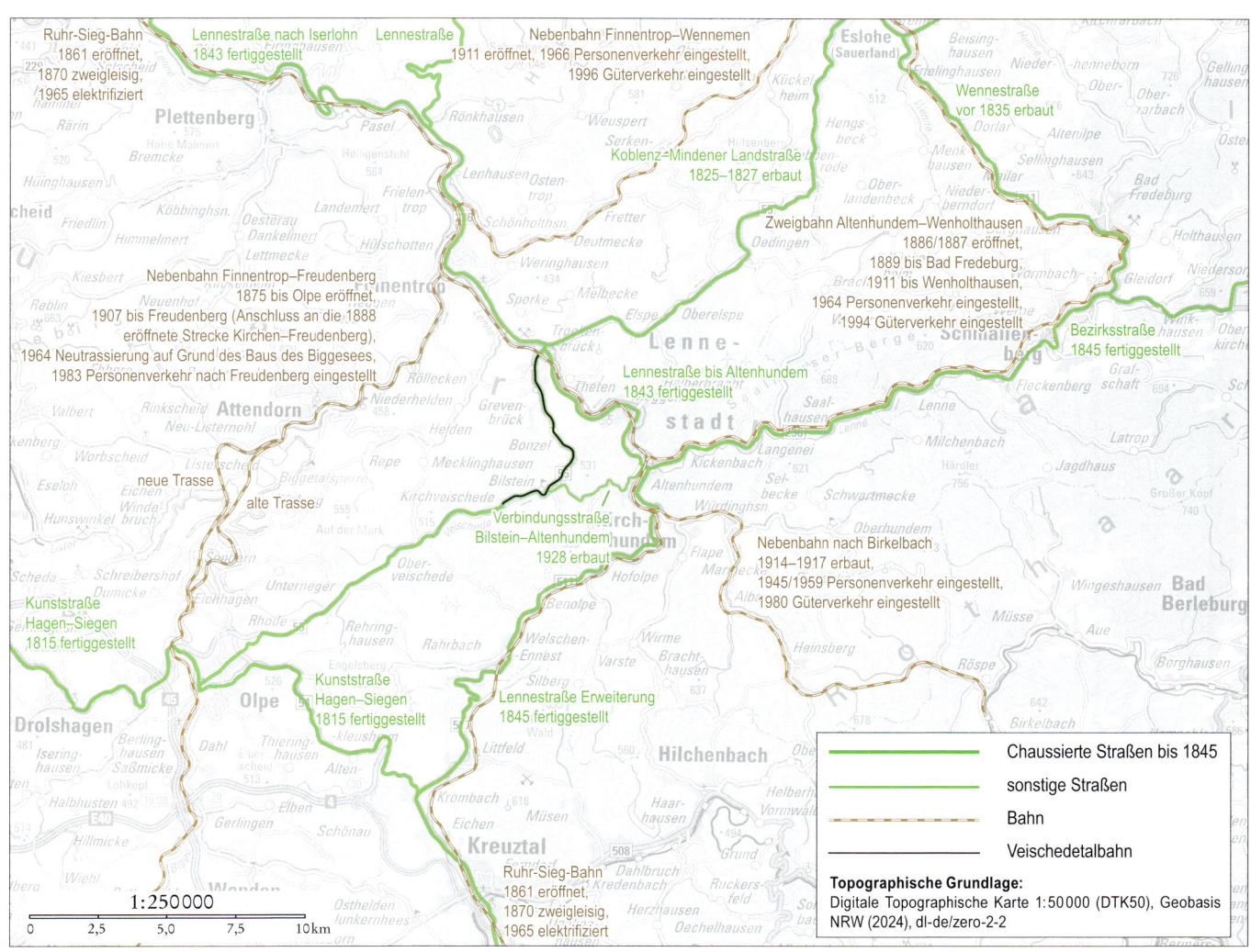

Abb. 18: Übersicht der Verkehrswege im Raum der heutigen Stadt, 1:250 000. Die Einschränkung auf den Staatschausseebau vor 1850 spiegelt die bis dahin mangelnde Erschließung des Olper Landes durch überregionale wie regionale Verbindungen für den Frachtverkehr wider. Nach Übergabe des Straßenbaus an die Provinzialverbände verdichtete sich die Zahl der systematisch angelegten Straßen und näherte sich damit zunehmend dem Bild des heutigen Straßennetzes an. In dieser Bedeutung für gewerbliche und industrielle Entwicklung beerbte der folgende Ausbau des Eisenbahnnetzes das befestigte Wegesystem.

war 1950 die Nutzung der Naturbühne für Freilichtaufführungen. Zwischen 2011 und 2019 zogen die Inszenierungen jeweils mehr als 200.000 Besucher an.

Verkehr

Überregional initiierte Verkehrsprojekte prägten im 19. und 20. Jahrhundert die Geschichte des Kreises Olpe und verschoben die Gewichtungen zwischen seinen westlichen und östlichen Teilen. Für den Bereich der heutigen Stadt Lennestadt waren sie von überragender Bedeutung.[100] Der Olper Raum profitierte zuerst von der 1815 fertiggestellten Kunststraße von Hagen über Siegen bis zur Nassauischen Grenze. Sie verband die in frühindustrieller Zeit dynamischen Wirtschaftsräume im Sieger- und Sauerland und gab dem Transportgewerbe mit seinen vielen Fuhrleuten Beschäftigung. Auf der Strecke von Hünsborn über Olpe nach Drolshagen tangierte die Straße den Westteil des späteren Kreises. Olpe lag deshalb verkehrsgünstiger, was 1818 die Verlegung des Kreissitzes von Bilstein dorthin motivierte. Weitere Strecken durchliefen den Kreis. Die als Militärstraße 1826 bis 1827 realisierte Verbindung von Minden nach Koblenz führte von Oedingen über Grevenbrück, Bilstein und Kirchveischede quer durch das heutige Gebiet von Lennestadt. 1843 fand sie Anschluss nach Norden durch die Lennestraße, die bei (Iserlohn-)Grüne begann und im Folgenden in Richtung Altenhundem verlängert wurde. In Altenhundem zweigte seit 1845 die Bezirksstraße (heutige B 236) Richtung Winterberg ab. 1856 brachte der Arnsberger Gewerberat Jacobi den Aufschwung der Industrie im Kreis Olpe mit dem Straßenbau in Verbindung: „Nachdem fast alle Thäler des Kreises durch neue Straßenanlagen zugänglich gemacht [...] sind, hat aller Orten die Gewerbethätigkeit einen erfreulichen Aufschwung genommen, vorzugsweise in dem ganzen Lennethale durch den Betrieb von Eisenhütten, Puddel- und Walzwerken".[101]

Abb. 19: Die Veischedetalbahn, genannt „Gleislose Bahn", stellte als Oberleitungsbus eine Verbindung zwischen Kirchveischede und Grevenbrück in den Jahren 1904 bis 1916 her. Postkarte Anton Hüttemann, undatiert.

Abb. 20: Schrägluftbild von Altenhundem von Osten. Im Bildzentrum ist die kath. Kirche St. Agatha zu sehen. Dahinter liegen die Gleisanlagen sowie am linken Bildrand die Betriebswerkstatt. Darüber schlängelt sich die 1927 gebaute Verbindungsstraße nach Bilstein den Hang hinauf. Rechts unten ist die Nebenstrecke nach Wenholthausen zu erkennen. Foto Hansa Luftbild, 1932.

Als in den 1840er Jahren im Kreis Olpe das Straßennetz dichter wurde, hatten bereits die Planungen dafür eingesetzt, wie der Raum durch Eisenbahnen zu erreichen sei. In seiner visionären, 1833 erschienenen Schrift „Die Eisenbahn von Minden nach Cöln" hatte Friedrich Harkort ein Kapitel für eine Seitenbahn in Richtung Lenne vorgesehen.[102] Sie sollte sowohl die Eisenreviere des Siegerlandes wie die Metallwarenproduktion des Sauerlandes erschließen. Harkort schwankte 1833 noch zwischen einer Linienführung längs der Volme oder längs der Lenne. Weil sich die Fertigstellung der Köln-Mindener Eisenbahn bis 1847 verzögerte, lagen auch die Pläne einer Anbindung nach Süden auf Eis. Ursache war die Weigerung des preußischen Staates, sich finanziell zu beteiligen. Erst als die Bergisch-Märkische Eisenbahn von Düsseldorf über Elberfeld nach Dortmund zwischen 1844 und 1848 gebaut wurde, wurden die Pläne wieder konkreter. Befürworter der beiden alternativen Linienführungen wetteiferten miteinander. Die Variante längs der Lenne und der Hundem setzte sich 1854 durch, weil hier ein größeres Transportaufkommen und eine höhere Rentabilität zu erwarten waren. Die Bauarbeiten an der Ruhr-Sieg-Bahn im Auftrag der Bergisch-Märkischen Eisenbahngesellschaft wurden 1859 begonnen und 1861 abgeschlossen. Diese Linienführung förderte den weiteren Aufbau leistungsfähiger industrieller Anlagen im Lenne-Hundem-Tal, v.a. im Umfeld der beiden zunächst einzigen Bahnhöfe Altenhundem und Grevenbrück. Mit dem zweigleisigen Ausbau der Strecke 1870 entwickelte sich die Ruhr-Sieg-Bahn zu einer Hauptverkehrsader im südlichen Westfalen, von der auch die Industrie im Lennetal profitierte. In Grevenbrück explodierte der Güterumschlag (Summe der empfangenen und versandten Wagenladungen). Er stieg von 204.329 Tonnen 1881 auf 584.139 Tonnen 1910. Im gleichen Zeitraum verlief die Entwicklung in Altenhundem mit einer Steigerung von 185.572 auf 279.408 Tonnen weniger stürmisch. Beim Personenverkehr lag allerdings Altenhundem zu beiden Stichjahren deutlich vor Grevenbrück.[103]

Altenhundem entwickelte sich zu einem Bahnknotenpunkt, weil hier seit 1887 die Zweigbahn nach Schmallenberg abbog. Sie wurde 1889 bis Fredeburg und 1911 bis Wenholthausen verlängert. Die 1907 genehmigte Nebenbahn von Kirchhundem über Heinsberg nach Birkelbach in Wittgenstein erschloss das Amt Kirchhundem. Der Bau begann 1910, die Strecke wurde in Teilabschnitten 1914 eröffnet und 1917 fertiggestellt. Ohne Eisenbahnstrecke blieb das Veischedetal. Die Eisenbahndirektion Elberfeld legte 1892 ihr Veto gegen eine Schmalspurbahn ein. 1910/11 begannen Verhandlungen, um eine Streckenführung von Grevenbrück oder Altenhundem über Kirchveischede in Richtung Olpe in Angriff zu nehmen. Wegen zu hoher Kosten ließ man das Projekt fallen. Einen gewissen Ersatz bot die 1904 bis 1916 zwischen Grevenbrück und Kirchveischede verkehrende Oberleitungsbahn. Anteilseigner des „Elektrischen Kraftwagenbetriebs mit Oberleitung für das Veischedetal GmbH" in Bilstein waren der Provinzialverband, der Kreis Olpe und die Gemeinde Kirchveischede.[104] Der Betrieb war reparaturanfällig, er wurde deshalb mehrfach unterbrochen und 1916 im Krieg eingestellt. Danach war Bilstein im öffentlichen Nahverkehr nur durch Omnibusse zu erreichen. Mehrere Privatbetreiber schlossen sich 1930 zur Kraftverkehr Olpe AG zusammen, die u.a. Linien von Bilstein nach Altenhundem und Grevenbrück betrieb.[105] Die 1928 im Rahmen von Arbeitsbeschaffungsmaßnahmen entstandene Straße von Bilstein über die Kockmecke nach Altenhundem stellte die erste, modernen Verkehrsbedürfnissen gerecht werdende Direktverbindung zwischen dem Veischedetal und dem Hundem-Lenne-Gebiet her.

Der Bahnhof Altenhundem verdankt seine Aufwärtsentwicklung der Trassenführung der Ruhr-Sieg-Bahn. Für die Fahrten in Richtung Siegen musste bis Welschen Ennest eine zweite Lokomotive für Güterzüge vorgespannt werden. Deshalb etablierte sich in Altenhundem eine Betriebswerkstätte, die 1899 149 Bedienstete umfasste, darunter 37 Lokomotivführer und 54 Heizer. Dem Bahnhofsbetrieb wurden elf Zugführer, vier Schaffner, 54 Bremser, 32 Hilfsbremser sowie sieben Rangiermeister zugeordnet. Altenhundem war ein „Eisenbahnerdorf" geworden; 1912 zählte das Bahnpersonal rund zwei Drittel der Einwohnerschaft.[106]

Abb. 21: Ehemaliger Bahnübergang von der Hundemstraße zur früheren Hagener Straße, der jetzigen Olper Straße. Foto Heinrich Gerau, ca. 1918.

Aufgegeben wurde das Bahnbetriebswerk Altenhundem 1966 nach der Elektrifizierung der Strecke, wenngleich der Schiebebetrieb für schwere Güterzüge weiterhin notwendig ist. Von 1968 bis 1982 hielt hier der Zirkus Hagenbeck sein Winterquartier. 1983 wurden die Anlagen abgerissen; auf dem Gelände entstand ein Gewerbegebiet. Auf der Strecke nach Wenholthausen fuhr 1964 der letzte Personenzug, 1984 der letzte Güterzug. Die Gleise wurden demontiert, die Trasse wird heute zu einem Großteil touristisch als Sauerland-Radring verwendet. Die Strecke von Altenhundem nach Birkelbach unterbrachen bei Kriegsende Sprengungen bei Röspe. Bis 1959 fuhren Züge von Altenhundem nach Würdinghausen.[107]

Die aus dem 18. Jahrhundert überkommenen Hütten- und Hammerwerke im Lennetal waren im 19. und 20. Jahrhundert einem vielfachen Wandel unterworfen. Technologisch stellte die Mehrzahl von Holz- auf Steinkohle um. Während die holzkohlenbasierten Frischfeuerwerke (z. B. der Störmecker und Saalhauser Hammer) das Jahr 1870 nicht lange überlebten, transformierten die übrigen Werke zu Puddlingswerken. Die aus England stammende Technologie – Roheisen wurde in einem Flammofen stark sauerstoffhaltigen Feuergasen ausgesetzt und durch Puddler umgerührt – hielt seit den späten 1830er Jahren im Sauerland Einzug. Die große Nachfrage nach Eisen führte auch im Kreis Olpe zur Gründung von reinen Hüttenwerken, die jedoch auf Dauer der Konkurrenz des Siegerlandes und des Ruhrgebietes nicht standhielten. Für die Puddlingswerke war eine Umstellung auf neue Technologien der Hüttenproduktion zu aufwendig. Sie wandelten sich erfolgreich zu Walzwerken, die Bleche und Vorprodukte für die Drahtindustrie herstellten, später dann zu Press- und Stanzwerken.

Der zweite große Wandel betraf die Unternehmensstrukturen. Der schon im 18. Jahrhundert beginnende Trend zu auswärtigem Kapital setzte sich fort. Waren es zunächst v. a. Unternehmer aus Siegen, die im Lenneraum investierten, so gelangten um die Wende zum 20. Jahrhundert zahlreiche Firmen in die Abhängigkeit von Konzernen des Ruhrgebietes. An der Lenne oberhalb von Altenhundem ist die Geschichte der Carlshütte in Langenei exemplarisch.[108] Sie wurde 1857 wie der Kickenbacher Kleehammer von den Siegerländer Unternehmern von Viebahn und Weber gekauft und von der 1890 gegründeten AG Meggener Walzwerk übernommen und wie dieses seit 1917 konzernabhängig. Heute ist die Carlshütte Standort der 1962 gegründeten Firma Tracto-Technik GmbH & Co. KG, die Spezialmaschinen für den Rohrleitungsbau herstellt.

Die Carolinenhütte in Altenhundem erhielt 1852 die Betriebskonzession.[109] Wichtigster Gewerke war August Schulte aus Siegen, der auf der Hütte an der Hundem seit 1853 Erze aus dem Siegerland und aus Halberbracht verarbeitete. Die Hütte wurde seit 1858 vom Bergbau- und Hütten-Actien-Verein Lenne-Ruhr betrieben. Dessen Gewerken waren die Siegerländer Unternehmer H. Hüttenhain, H. Krämer, H. Kaz, F. A. Gerlach und P. Müller.[110] Diese Firma meldete 1871 Konkurs an und ging ein Jahr später in einer gleichnamigen Aktiengesellschaft auf. 1886 war auch sie insolvent. Der Altenohler Stahlhammer südlich von Altenhundem war eine Gründung des Würdinghauser Gewerken B. Berg. Aus ihm entwickelte sich das Altenhundemer Walz- und Hammerwerk, das 1918 von der Gute Hoffnungshütte AG Oberhausen als Feinblechwalzwerk übernommen wurde. Die spätere Christinenhütte AG in Maumke firmierte zunächst als Maumker Hammer oder Puddelwerk. Eigentümer war 1856 der Hilchenbacher Unternehmer Hüttenhain, auf den in den 1860er Jahren die Siegerländer Schleifenbaum und Hambloch folgten. 1884 übernahmen Josef Hundt und Carl Loehr (1854–1935) aus Wilnsdorf das Unternehmen; letzterer benannte es nach seiner Schwiegermutter Christina um. Er engagierte sich als Sprecher der Industrie des Lenneraums in mehreren überregionalen Wirtschaftsverbänden. Zugleich stand er dem Zentrum im Kreis Olpe vor und kandidierte 1919 erfolgreich für die Preußische Landesversammlung.[111] 1918 ging die Christinenhütte an Wolf Netter & Jacobi in Finnentrop; sie wurde 1929 geschlossen.

Die Germaniahütte bei Grevenbrück wurde 1854 gegründet.[112] Die Gewerken Gerlach (Saalhausen), Gabriel (Eslohe) und Bergenthal (Warstein) verlagerten die seit 1810 bestehende Würdinghauser Hütte östlich von Kirchhundem, die Eisenstein vom Kuhlenberg bei Varste schmolz, an den verkehrsgünstigeren Standort in der damaligen Gemeinde Elspe. 1873 erhielt die Hütte eine eigene Kokerei mit 25 Koksöfen. Durch die angelegten Arbeiterwohnungen entstand eine eigene Siedlung Germaniahütte, in der 1899 78 Arbeiter und ihre Familien lebten. In jenem Jahr wurde die Hütte von der Gussstahlwerke AG Witten gekauft und 1912 stillgelegt. Das Gelände ging zunächst an die Chemische Fabrik und wird seit 1933 von der Firma Bender Armaturen GmbH & Co. KG genutzt.

Der Standort Meggen diente zunächst dem Puddelwerk der Meggener Gewerkschaft, das in der Bergbau- und Hütten AG Lenne-Ruhr aufging. Es beschäftigte zu Spitzenzeiten 1865 360 Arbeiter. Nach dem Konkurs 1886 entstand an gleicher Stelle 1890 das Meggener Walzwerk als Aktiengesellschaft neu. Es wurde 1917 von der Deutsch-Luxemburgischen Bergbau- und Hütten AG in Bochum übernommen, die in der Vereinigten Stahlwerke AG aufging. Innerhalb dieses Konzerns kam das Walzwerk in deren Regionalgruppe Hüttenwerke Siegerland AG, die 1933 gebildet wurde und 1952 als

Abb. 22: Schwefelkiesgrube in Meggen an der Lenne. Foto N. N., ca. 1930.

Abb. 23: Die Betriebsanlagen der Gewerkschaft Sicilia auf der Grube Philippine waren bis ca. 1920 in Betrieb. Foto N. N., 1880.

von der Hoesch AG Dortmund bestimmter Konzern neu entstand. Auf dem stillgelegten Werksgelände ließ sich 1960 das Presswerk Heinrichs GmbH & Co. KG nieder, das ursprünglich in Plettenberg gegründet worden und seit 1937 in Meggen ansässig war.

Der Bonzeler Stahlhammer wurde in den 1860er Jahren von den Gewerken Gebr. Fick, einer Siegerländer Hammerschmiedefamilie, übernommen.[113] Der Kleinbetrieb wurde um 1900 eingestellt. Von 1922 bis 1935 produzierten Grefe & Co. hier Spielwaren aus Blech, seit 1935 nutzte die Egon Großhaus GmbH & Co. KG das Werksgelände.

Fertigwaren aus Metall blieben im heutigen Stadtgebiet von Lennestadt eine Seltenheit. Überregionale Aufmerksamkeit fand kurzzeitig die 1812 gegründete Knopffabrik in Elspe, weil sie von Lüdenscheid aus als Konkurrenz betrachtet wurde. 1818 litt sie unter Eduard Schinck aber bereits unter Auftragsmangel, wie Oberpräsident Vincke bei der Durchreise feststellte.[114]

Gerbereien, Textilindustrie

Zwei Branchen, die den Westteil des Kreises Olpe prägten, wurden auf das Tal der Lenne und ihrer Nebenflüsse kaum übertragen. Kurzzeitig bestanden in den 1850er Jahren zwei Gerbereien am Elspebach.[115] Die Strumpfstrickerei, deren Zentrum in Wenden lag, wurde in den 1890er Jahren auch in Saalhausen betrieben.[116] Leineweberei mit angeschlossenem Handel betrieb 1928 Johann Schmelter in Schwartmecke. Größere Bedeutung erlangte die 1938 in Altenhundem gegründete Herrenkleiderfabrik Karl Tobüren, hervorgegangen aus einem Großhandel mit Manufakturwaren. Sie beschäftigte 1959 über 350 Mitarbeiter und Mitarbeiterinnen und war 1958 auf der Weltausstellung in Brüssel vertreten.[117] 1980 wurde die Produktion eingestellt.

Bereits im 18. Jahrhundert baute man zwischen Meggen und Halberbracht Brauneisenstein in der Grube Keller ab.[118] Er wurde in Langenei verarbeitet. Bei der erneuten Exploration auf Eisen nach 1843 fand man heraus, dass unter dem Eisen abbauwürdiger Schwefelkies und Schwerspat lag. Die industrielle Produktion von Schwefelsäure in Deutschland und die gleichzeitige Verknappung sizilianischen Rohschwefels machten den Abbau attraktiv. 1853 war alleiniger Gewerke August Schulte aus Siegen, der auch die Carolinenhütte in Altenhundem betrieb. Nach ihm mutete 1854 Jacob Simmersbach aus Altenhundem, der seine Anteile an Heinrich Börner (Siegen) verkaufte. In der Handelskrise 1859 und wegen der noch fehlenden Transportmöglichkeiten stockten beide Unternehmungen. Erst nach der Fertigstellung der Ruhr-Sieg-Bahn sowie der Erweiterung des Kapitals kam es in den 1860er Jahren zu einer massiven Ausdehnung des Meggener Schwefelkiesbergbaus. Schulte trat seine Anteile an die Gewerkschaft Sicilia ab, an deren Spitze Ignaz Freiherr von Landsberg-Velen stand. Er deckte in Meggen den Bedarf für seine Chemische Fabrik in Wocklum. Parallel entstand die Gewerkschaft Siegena, deren Hauptgewerke Heinrich Börner war. 1867 wurde die Siegena von der Siegena Sulphur Mining Company übernommen. Die britischen Eigner stießen jedoch 1872 wegen der hohen Transportkosten ihre Anteile wieder ab und verkauften sie an den Siegener Bergwerksverein Siegena. Beide Gewerkschaften konkurrierten um Abbaurechte und waren – abgesehen von der Anbindung an Wocklum – kaum in die Weiterverarbeitung integriert. Deshalb ging die Förderung von Schwefelkies nach 1872 (140.000 Tonnen) um mehr als die Hälfte bis 1880 (60.000 Tonnen) zurück. Neuen Schub verlieh dem Meggener Bergbau der aus Schöningen bei Braunschweig stammende Chemiker Rudolf Sachtleben, der die beiden bestehenden Unternehmen 1892 in seine „Commanditgesellschaft Sachtleben & Co." einband. Der Meggener Bergbau kooperierte dank Sachtleben mit einer Chemiefabrik in (Duisburg-) Homberg. 1906 fusionierte die Gewerkschaft Siegena mit Sachtleben. Die neue „Gewerkschaft Sachtleben" kaufte 1915 die Kuxe von Landsberg-Velen auf und war damit Alleinbesitzer der Meggener Gruben. Damit begann deren lange Erfolgsgeschichte. Der nunmehr kriegswichtige Betrieb erreichte im Ersten Weltkrieg mit knapp 800.000 jährlich geförderten Tonnen Schwefelkies ein Maximum, das er im Zweiten Weltkrieg mit mehr als einer Million Tonnen 1943 noch übertraf. 1937 galt Meggen als „wichtigster Industrieort im Kreis Olpe".[119] Die 1928 gegründete Sachtleben AG für Bergbau und chemische Industrie ging 1970 an den Konzern der Frankfurter Metall AG über, der die Förderung u. a. wegen der Weltmarktbedingungen und Erschöpfung der Vorräte einstellte. 1957 beschäftigte die Sachtleben AG

Abb. 24: Bergbaumuseum Siciliaschacht, Meggen. Mitte des 19. Jahrhunderts bis zur Stilllegung 1992 war dies mit der Schwestergrube Halberbracht eine der weltweit größten Abbaustätten für Schwefelkies, Blei, Zink und Schwerspat. Hauptabnehmer und ab 1913 Grubenbetreiber war die Chemische Fabrik Rudolf Sachtleben. Im Hintergrund sind die Wissens- und Rätselwelt „Galileo Park" in den Sauerland-Pyramiden zu sehen. Foto Esther Sobke, 2011.

Abb. 25: Die Chemischen Werke in Grevenbrück von Westen. Am linken Bildrand ist die Brücke über die Lenne zu erkennen, am rechten Bildrand führt die Straße nach Süden in den damals noch Förde genannten Ort. Foto N. N., 1899.

in Meggen 1.785 Mitarbeiter und Mitarbeiterinnen.[120] Seit 2002 erinnert das Museum „Sicilia-Schacht" an 140 Jahre Bergbau in Meggen. Seit 2011 vermittelt auf dem Werksgelände der Galileo-Park mit markanten Pyramiden naturwissenschaftliche Erkenntnisse. Zugleich entstand hier ein Gewerbepark.

Chemiefabrik, Kalkwerke und Dynamitfabrik in Förde/ Grevenbrück

Die Gewerkschaft für Chemie in Grevenbrück verdankt ihre Existenz der Weiterverarbeitung der Meggener Schwefelkiesvorkommen. Graf Landsberg plante das Unternehmen seit den 1860er Jahren als Zweigbetrieb neben Wocklum und realisierte den Plan 1873. Zur Jahrhundertwende waren hier knapp 60 Arbeiter beschäftigt. 1931 übernahm die Kruse-Gruppe den Betrieb und schloss ihn 2001. Auf dem Gelände siedelten sich bis 2009 sechs Unternehmen mit insgesamt 160 Beschäftigten neu an. Ebenfalls in Grevenbrück entstand im Jahr 1900 die Grevenbrücker Kalkwerke GmbH als Gründung der Gebrüder Kratzenstein aus Blankenburg (Harz).[121] Sie stellte 1911 ihre Schachtöfen weitgehend auf Sinterdolomit um. 1913 wurde das Unternehmen je zur Hälfte von der Geisweider Eisenwerke AG und der Charlottenhütte AG in Niederschelden übernommen. Über beide Eigentümer waren die Kalkwerke mit den Konzernen Vereinigte Stahlwerke bzw. Stahlwerke Südwestfalen AG verbunden. Nach der Entflechtung der Stahlindustrie 1952 fungiert die Rheinische Kalkwerke AG (seit 1999 Rheinkalk GmbH) als Konzernmutter. Gewonnen wurde das Rohmaterial am rechten Ufer der Lenne. Pferdefuhrwerke, eine elektrische Bahn mit Oberleitung und eine Seilbahn beförderten es zu den Schachtöfen in der Nähe des Bahnhofs am anderen Ufer. Die Dynamitfabrik Förde wurde 1884 von den Unternehmern Stahlschmidt und Braun aus Siegen im Tal der Hengstebeck angelegt. Der Betrieb glich wegen der Sicherheitsauflagen eher einem Bunker. Bereits 1887 wurde sie in die Rheinisch-Westfälische Sprengstoff-AG Köln integriert, die 1931 mit Dynamit Nobel fusionierte. Nachdem es bereits 1903 zu einer Explosion mit drei Toten gekommen war, schloss die Fabrik nach einem weiteren Unglück mit fünf Toten 1929 drei Jahre später.[122] Im Rahmen der nationalsozialistischen Rüstungspolitik wurde der Betrieb 1938 kurzzeitig wieder aufgenommen.[123]

Der Aufschwung der Industrie im heutigen Stadtgebiet von Lennestadt darf nicht vergessen lassen, dass auch hier im 19. Jahrhundert die meisten Menschen noch in der Landwirtschaft arbeiteten.[124] Erst zwischen 1895 und 1907 überholte im Kreis Olpe der Anteil der im Hauptberuf männlich Beschäftigten in Bergbau und Industrie (22,1 % bzw. 31,0 %) den Anteil der in Land- und Forstwirtschaft Beschäftigten (41,9 % bzw. 28,1 %). Hoch blieb der Anteil der nebenberuflich landwirtschaftlich Tätigen (81,4 % bzw. 75,7 %). Das bedeutete, dass selbst Fabrikarbeiter kleine landwirtschaftliche Einheiten bewirtschafteten. Im Amt Bilstein besaßen 1873 zwei Drittel aller Haushaltungen Vieh. Die Holznutzung durch einzelne Sägewerke und Bürstenholzfabriken war in Saalhausen, Langenei und Störmecke angesiedelt.

Landwirtschaft

Reformbestrebungen sollten dem Agrarsektor zu mehr Effektivität verhelfen. Deshalb nahm 1880 die landwirtschaftliche Winterschule in Elspe unter Ferdinand Alzer auf Beschluss des Kreistags die Tätigkeit mit durchschnittlich 50 katholischen Schülern auf. 1903 folgte hier eine Ländliche Haushaltungsschule für Mädchen und junge Frauen, die die Olper Franziskanerinnen als Pensionat unterhielten.[125] Die 1930 in Altenhundem eröffnete Landwirtschaftsschule wurde 1964 geschlossen. Die Landwirte der Region organisierten sich erst spät in Vereinen. Den Durchbruch brachte eine Versammlung im Spätsommer 1888 in der neu errichteten Schützenhalle in Altenhundem, bei der auf Vermittlung des Gutsbesitzers und Gemeindevorstehers von Bilstein, Heinrich Rinscheid, Freiherr von Schorlemmer-Alst, der Gründer des Westfälischen Bauernvereins, vor etwa 1.200 Besuchern sprach. In der Folgezeit stieg die Zahl der Mitglieder des Westfälischen Bauernvereins im Kreis Olpe bis 1895 auf 851.[126]

Abb. 26: Das alte Amtshaus in Grevenbrück an der Kölner Straße. 1910 als Königlich Preußisches Katasteramt erbaut, zog 1939 die Amtsverwaltung aus Bilstein in dieses Gebäude ein. Heute beherbergt es das Stadtmuseum. Foto Jupp Schmies, ca. 1960.

Kreditinstitute

Beeinflusst durch die Organisationen der Landwirtschaft entstanden seit 1880 Spar- und Darlehenskassen: 1882 in Elspe, 1883 in Altenhundem, 1892 in Förde, 1899 in Saalhausen und 1901 in Meggen. 1913 eröffnete eine erste Gewerbebank in Altenhundem. Heute ist der genossenschaftliche Bankensektor in Lennestadt durch die Volksbank Sauerland eG vertreten, die nach mehreren Fusionen entstand – zuletzt 2013 mit der Volksbank Grevenbrück.[127] Älteren Datums waren die Sparkassen auf Amtsebene.[128] Die Geschichte der Sparkasse im Amt Bilstein beginnt mit Plänen des Landrats 1852. Die Gründung wurde von der Amtsversammlung 1861 beschlossen. Aus der Privatwohnung des Rendanten wurde das Büro 1889 in das Amtshaus verlegt. Die schon 1939 beschlossene Verlegung des Hauptsitzes nach Grevenbrück erfolgte 1943. Nach 1945 kam es zum Ausbau eines Netzes von Zweigstellen im gesamten Amtsgebiet. 1977 schlossen sich die Sparkasse Grevenbrück und Altenhundem zusammen. Sie gingen 1992 im Sparkassenzweckverband Attendorn-Lennestadt-Kirchhundem auf, der 2002 eine Bilanzsumme von 1,2 Milliarden aufwies.

Von der Krise um 1930 zu einer Struktur von mittelständischen Unternehmen

Die Konzernabhängigkeit der Industriefirmen im Gebiet von Lennestadt, die zu Beginn des 20. Jahrhunderts eingetreten war, hatte negative wie positive Seiten. Als in der Zwischenkriegszeit die meisten metallverarbeitenden Betriebe schlossen, stieg auch in dieser Region die Arbeitslosigkeit auf enorme Höhen.[129] Hatte es 1929 noch Vollbeschäftigung gegeben (durchschnittlich 2,2 Arbeitsuchende auf 1.000 Einwohner), so kamen 1932 statistisch 82,5 Arbeitsuchende auf 1.000 Einwohner. Gegenüber 1929 hatte die Beschäftigungsquote im Amt Kirchhundem um 35,9 % und im Amt Bilstein 62,5 % abgenommen. Die Blechwalzwerke schlossen vollständig, die Sachtleben AG reduzierte die Zahl der Beschäftigten zwischen 1928 und 1932 von 1.000 auf 570. Der Kreis Olpe wurde zum Notstandsgebiet erklärt. Der Freiwillige Arbeitsdienst bot seit 1932 Hilfe an. Bis zum Januar 1933 wurden im Kreisgebiet 148 Einzelmaßnahmen bewilligt.

Die bis 1939 kaum bewältigte Weltwirtschaftskrise machte den Weg frei für eine mittelständisch ausgerichtete Struktur. Die heute führenden Unternehmen in Lennestadt befinden sich überwiegend im Familienbesitz, sind aber in der Regel nicht alt. Sie nutzen häufig die alten Industriestandorte, die zu Gewerbegebieten umgewandelt wurden. Nur zwei der aktuell tätigen Unternehmen blicken auf eine mehr als 125jährige Geschichte zurück: die Wilhelm Schauerte GmbH in Grevenbrück (gegr. 1892), die Präzisionsdrehtechnik herstellt, und Gebrüder Berens in Kirchveischede, die heute Kunststofftechnik erzeugt und aus einer 1867 gegründeten Tabakfabrik hervorging. Die Egon Großhaus GmbH & Co. und die Heinrichs GmbH & Co. sind seit den 1930er Jahren in Bonzel bzw. Meggen ansässig. Die Gustav Hensel GmbH & Co. KG, die elektrotechnische Installationen mit 800 Mitarbeitern weltweit herstellt, wurde 1931 in Radevormwald gegründet und verlegte 1947 ihren Hauptsitz nach Altenhundem. Das von Paul Schmidt 1957 gegründete Maschinenbauunternehmen Tracto-Technik hatte zuerst seinen Standort an der Carlshütte, heute in Saalhausen.[130] Schmidt gründete 1982 die Fa. Rayonex Biomedical GmbH, die heute ihr Domizil an den Sauerland-Pyramiden hat. Die 1960 gegründete Gregory & Maackens KG (Gremalko) stellt in Grevenbrück Zylinderstifte her. Seit 1977 besteht die Rudolf Eckel Federnfabrik GmbH in Trockenbrück. Die FM-Plast GmbH stellt seit 1977 Kunststoffverschlüsse in Grevenbrück her. 1980 begann die Gesellschaft für Metallwarenfabrikation (Gemeta) in Elspe die Produktion von Stahl- und Spaltbändern. Die VIA (Verbund Innovativer Automobilzulieferer) entstand 1996 aus der Kooperation von Elsper Unternehmen aus den Bereichen Gleit- und Handschleifen; heute sitzt das Unternehmen in Grevenbrück und ist auf Blechumformung spezialisiert.

Mit einem Anteil von 53,5 % der Beschäftigten wies 2021 Lennestadt (NRW 25,9 %) einen außergewöhnlich hohen Anteil des produzierenden Gewerbes aus. Die Arbeitslosenquote von 4,0 % im Mai 2021 lag deutlich unter dem Landesdurchschnitt (7,5 %).[131]

Gesellschaft und Politik

Die Innovationen in Verkehr und Industrie im 19. Jahrhundert veränderten die Gesellschaft im Tal der Lenne und ihrer Nebenflüsse grundlegend. Am deutlichsten schlägt sich dies in der Entwicklung der Einwohnerzahlen nieder (vgl. Tab. 1). Die Orte mit Industrieanlagen und Bahnhöfen Altenhundem, Grevenbrück und Meggen wuchsen zwischen 1818 und 1900 um das Fünf- bis Sechsfache. Im Vergleich zu ihnen blieben andere Orte zurück. Elspe, Bilstein, Langenei, Kickenbach, Kirchveischede und Saalhausen wuchsen zwar auch, aber deutlich langsamer. Unter ihnen lag Elspe mit einem Zuwachs von 145 % vorne. Mit der Industrie veränderte sich die Siedlungsstruktur, denn in der unmittelbaren Nachbarschaft der Werke entstanden neue Orte, die heute Ortsteile von Lennestadt sind. Das beste Beispiel liefert der Ort Germaniahütte, der 1875 erstmals offiziell ausgewiesen und nicht dem nahen Ort Theten zugeschlagen wurde. Die Bergleute, die in die Schwefelkiesgruben um Meggen einführen, verteilten sich auf die Weiler östlich von Meggen, wo neben Halberbracht mit Ernestus und Weißenstein Bergarbeitersiedlungen neu entstanden.[132] Die Entwicklung am Zusammenfluss von Lenne, Elspebach und Veischede nahm einen dynamischen Verlauf. Das alte Kirchdorf Förde rund um die St. Nikolaus-Kirche dehnte sich in Richtung des al-

Ortschaften	1764	1818	1839	1875	1900	1936	1969	2020
Altenhundem	221	329	396	1151	1989	3873	4330	4281
Altenvalbert	–	86	116	116	100	102	92	101
Bilstein	262	377	502	534	671	786	1038	1043
Bonzel[1]	91	119	138	184	276	302	362	416
Brenschede	37	58	73	–	87	–	80	67
Bruchhausen	–	15	20	29	33	35	54	29
Burbecke	98	126	139	163	137	132	130	89
Einsiedelei	–	8	6	6	6	5	12	5
Elspe	322	412	557	751	1008	1591	2563	2809
Elsperhusen	–	–	–	15	11	5	10	4
Ernestus	–	–	–	–	43	60	62	10
Förde	206	309	380	579	1182	–[2]	–	–
Germaniahütte	–	–	–	35	61	83	112	41
Gleierbrück	–	6	8	7	26[3]	70	102	163
Grevenbrück	–	14	55	141	351	2230	3465	3673
Hachen	–	63	61	50	46	38	33	26
Halberbracht	–	94	123	270	305	607	923	1021
Haus Valbert	41	19	15	–[4]	–	–	14	4
Hengstebeck	–	16	13	17	14	11	14	–
Hespecke	–	48	28	46	33	54	39	36
Kickenbach	58	107	124	202	244	431	532	504
Kirchveischede	192	246	308	367	501	652	885	923
Langenei	58	176	330	328	408	770	962	726
Maumke	78	154	138	288	370	603	1482	2162
Meggen	124	170	229	1191	1132[5]	3214	4572	2934
(Nieder-)Melbecke	191	95	101	73	83	68	51	82
Milchenbach	122	175	241	–	198	199	–	185
Neukamp	–	–	–	–	–	14	28	18
Oberelspe	185	141	187	310	405	447	717	766
Obermelbecke	–	26	35	36	26	10	19	–[6]
Obervalbert	62	62	78	84	87	–	72	58
Oedingen[7]	144	296	385	377[8]	474	–	1154	1078
Oedingerberg	54	84	76	94[9]	56	–	70	42
Pettmecke	–	10	17	16	10	–	14	–
Saalhausen	272	476	572	642	737	925	1623	1760
Schmellenberg	24	30	37	32	29	32	10	18
Sporke	–	84	106	101	85	145	201	183
Stöppel	–	30	18	17	15	11	11	16
Störmecke	–	–	–	14	15	–	38	26
Theten	211	78	75	120	138	261	248	215
Trockenbrück	–	14	13	83	176	261	365	245
Weißenstein	–	–	–	–	–	13	33	13

Bevölkerungswachstum

Tab. 1: Bevölkerungszahlen in den Ortsteilen der heutigen Stadt Lennestadt 1764–2020.

1 Mit Bonzelerhammer.
2 Siehe unter Grevenbrück.
3 Mit Totenohl.
4 Unter Obervalbert.
5 Mit Grube Philippine und Christinenhütte.
6 Seit 2009 keine gesonderte Ausweisung. Die Einwohner werden unter Melbecke aufgeführt.
7 Mit Oedingermühle.
8 1864.
9 1864.

1764 Reininghaus, Schatzungslisten (wie Anm. 78).
1818 Beschreibung des Regierungs-Bezirkes Arnsberg in der Königlich Preußischen Provinz Westfalen, Arnsberg 1819.
1839 Johann Georg von Viebahn (Hg.), Ortschafts- und Entfernungstabelle des Regierungsbezirks Arnsberg, Arnsberg 1841.
1875 Statistik des Kreises Olpe, Köln 1875.
1900 Carl Kleemann, Ortschaftsverzeichnis nebst Entfernungs-Tabelle des Regierungs-Bezirkes Arnsberg, Arnsberg 1903 (Bevölkerungszählung zum 01.12.1900).
1936 Amtliches Einwohnerbuch des Kreises Olpe 1938, Feudingen 1938 (Personenstandszählung zum 10.10.1936).
1969 Ortschaftsverzeichnis des Kreises Olpe (31.07.1969), [Olpe 1969].
2020 Angaben der Stadt Lennestadt.

Abb. 27: Das St. Josefs-Krankenhaus von Südwesten. Das Gebäude wurde 1890 erbaut und nach Erweiterungen 1907 sowie 1928 im Jahr 1966 teilweise abgerissen. Foto N. N., 1955.

die Hanglagen nutzen. In den 1930er Jahren entstanden im Bereich der Lindenstraße und „An der Vogelwarte" weitere Neubaugebiete.

Altenhundem avancierte noch im späten 19. Jahrhundert zum zentralen Ort des Lennetals. Hier, am Eisenbahnknotenpunkt, gab es das größte Angebot an Dienstleistern und Kleingewerbetreibenden. Das erste vollständige Branchenadressbuch nannte für Altenhundem 1928 z. B. sechs Ärzte und Heilkundige, drei Buch- und Papierhandlungen, 19 Damenschneiderinnen, acht Gaststätten und Schankstuben, drei Hotels, 21 Kolonial- und acht Manufakturwarenhandlungen. Grevenbrück/Förde folgte mit einem geringfügig niedrigeren Gewerbebesatz. Gemeinsam wies das Adressbuch je ein Kaufhaus für Altenhundem (Geschwister Winter) und Grevenbrück (Kuhlmann) aus. 1890 wurde in Altenhundem das katholische Krankenhaus in der Trägerschaft der damaligen Kapellengemeinde bezugsfertig unter der Obhut von Olper Franziskanerinnen.[133] Seit 1999 gehört es zum Verbund der Katholischen Hospitalgesellschaft Südwestfalen. Zwischen 1913 und 1980 bestand das St. Franziskus-Krankenhaus in Elspe, das zu einem Altenheim umgewandelt wurde. Ebenfalls 1890 wurde in Altenhundem ein Zollamt eingerichtet, dessen Haupteinnahmequelle die Tabakindustrie war. 1981 wurde es im Rahmen der Stadtsanierung beim Bau eines neuen Rathauses abgebrochen. Seit 1912 stand im Saal des Altenhundemer Gasthofs Redecker ein Kinematograph. 1928 wurde das 1916 gegründete und zwischenzeitlich als Lagerraum genutzte Lichtspielhaus neu eröffnet, seit 1985 renoviert und 1987 wieder eröffnet.[134]

ten Verkehrsknotenpunktes Grevenbrück aus, wo der Bahnhof und die Industriewerke lagen. Zugleich entstanden in westlicher Richtung neue Wohngebiete im Pettmecketal und in der Lohmke. Spätestens in den 1920er Jahren sprach man von Förde-Grevenbrück, bevor 1930 die offizielle Bezeichnung Grevenbrück amtlich wurde. Die Besiedlung zwischen Grevenbrück und Elspe setzte an einer Brücke über den Melbeckebach in den 1820er Jahren ein. „Trockenbrück" wurde Wohnort für Berg- und Fabrikarbeiter und ist heute Standort eines großen Gewerbeparks. Altenhundem war zunächst auf den alten Ortskern vor der heutigen Kirche St. Agatha festgelegt. Die neu entstehenden Handels- und Handwerksbetriebe konzentrierten sich auf Lenne- und Hundemstraße, zumal das Bahnbetriebswerk viel Raum zwischen Ruhr-Sieg-Bahn und dem Bett der Hundem beanspruchte. Um 1900 gab es Knappheit an Wohnungen. Altenhundem hatte sich nach Norden in Richtung Meggen und im Süden Richtung Rubergerbrücke ausdehnen können, musste aber dann

1911 wurde eine Rektoratsschule in Altenhundem gegründet, um höhere Bildungsmöglichkeiten im östlichen Teil des Kreises Olpe zu schaffen.[135] Die ersten Räume befanden sich in einer ehemaligen Zigarrenfabrik. 1956 zog die Schule zum heutigen Standort Biertappen um. Seit 1963 ist sie ein neusprachliches Vollgymnasium. 1972 wurde am Standort Altenhundem zudem ein Berufskolleg des Kreises Olpe eingeweiht. Die Anfänge des Gymnasiums „Maria Königin" gehen auf eine 1919 in Schloss Adolfsburg bei Oberhundem gegründete

Abb. 28: Kloster Maria Königin, erbaut 1956. Unterhalb, an der Olper Straße, ist die ehemalige Mülldeponie zu erkennen sowie links unten am Fuß des Hanges die Betriebswerkstätte der Bahn. Foto N. N., ca. 1965.

Abb. 29: Das Gymnasium der Stadt Lennestadt am Biertappen von Norden. Unterhalb der Straße Vorarbeiten zum späteren Block D. Foto Luftbildvertrieb Delmenhorst oHG, 1972.

Abb. 30: Die katholische Pfarrkirche St. Servatius in Kirchveischede wurde vermutlich im 13. Jahrhundert durch die Edelherren von Bilstein erbaut. Auf dem Foto ist links das Pfarrhaus von 1785 zu sehen. Foto Josef Pohlen, undatiert.

Missionsschule der Missionare der Heiligen Familie zurück.[136] Mit der Gründung einer Realschule „Maria Königin" an der von Altenhundem nach Bilstein führenden Straße wurde 1962 ein neuer Weg beschritten. 1967 wurde es zum privaten, alt- und neusprachlichen Gymnasium „Maria Königin" in katholischer Trägerschaft erweitert. Sukzessive öffnete sich die Schule zunächst für Externe und dann auch für Mädchen. An das Missionshaus und das Gymnasium war eine 1956 geweihte Klosterkirche angeschlossen. Mit dem Rückzug der Patres und der Schließung des Missionshauses 2015 sind auf dem Gelände neben dem Gymnasium der „Jugendhof Palloti", Seminar- und Fortbildungseinrichtungen angesiedelt.

Konfessionen

Als Teil des Herzogtums Westfalen, an dessen Spitze der Kölner Erzbischof stand, war das Olper Land über Jahrhunderte vom Katholizismus geprägt. Erst in der Zeit von Hessen-Darmstadt durften Protestanten offiziell hier leben und arbeiten. Beim Übergang an Preußen lebten im gesamten Kreisgebiet nur 69 evangelische Christen, sie machten 0,3 % der Bevölkerung aus. Für die Katholiken brachte das Jahr 1823 eine wichtige Neuerung. Die Bulle *De salute animarum* passte die Diözesen den Provinzgrenzen an und verwies den Kreis Olpe zum Bistum Paderborn. Der östliche Teil des Kreises Olpe war im Dekanat Elspe organisiert. Die katholischen Kirchengemeinden blieben eine zentrale Anlaufstelle für alle lokalen Aktivitäten. Während 1848/49 in Attendorn und Olpe Piusvereine gegründet wurden, verlief der katholische Alltag im Ostkreis weiter in den gegebenen Bahnen; allerdings wuchs der Anteil der Protestanten. Die neue Industrie im Lennetal zog nicht-katholische, zumeist Siegener Unternehmer und Arbeiter an. 1873 lebten im Gebiet der heutigen Stadt Lennestadt 868 Protestanten, davon allein 323 in Meggen und 305 in Altenhundem.[137] Ihnen stand seit 1868 eine eigene Kirche im Altenhundemer Lindensiepen zur Verfügung, nachdem 1859 dort bereits ein evangelischer Friedhof angelegt worden war. 1895 erhielten die Protestanten in Grevenbrück eine eigene Kapelle.

Der Kulturkampf mobilisierte die Katholiken im Olper Land in den 1870er Jahren. Seit 1872 entstanden in kurzer Zeit in allen größeren Orten Katholikenvereine. 1874 wurde den katholischen Geistlichen als Folge des Schulaufsichtsgesetzes die Inspektion über die Schulen entzogen. Es gelang dem Zentrum, die katholischen Wähler in großer Zahl zu mobilisieren. Die beiden Katholikenversammlungen in der 1866 neu errichteten Schützenhalle von Förde 1876 und 1877 mit bis 10.000 bzw. 14.000 Teilnehmern gelten als Höhepunkt des Kulturkampfes im Sauerland. Nun entstanden in rascher Folge weitere katholische Vereine. Der Realschematismus des Bistums Paderborn wies 1913 für den Bereich der heutigen Lennestadt 60 Vereine und Bruderschaften mit über 7.800 Mitgliedern aus.[138] Seit der Jahrhundertwende sorgte der „Volksverein für das katholische Deutschland" für ein dichter werdendes Netz von Filialen im Lennetal. 1913 bestanden hier sieben Zweigvereine, die in Förde, Altenhundem und Meggen zwischen 250 und 300 Mitglieder zählten. Maßgeblich beteiligt war der in Elspe geborene Johannes Becker (1875–1955). 1903 sprach er im Schützenzelt in Förde vor einer großen Zuhörerzahl. 1906 errichtete der „Volksverein" ein eigenes Arbeitersekretariat in Altenhundem, das unter Sekretär Johann Herrig für den Raum bis Siegen zuständig war.[139]

Kirchen

Dem Bevölkerungswachstum war ein intensives Bauprogramm für die Kirchen im Dekanat Elspe geschuldet.[140] 1878 wurde die als Filialkirche neu errichtete St. Agatha-Kirche in Bilstein geweiht, 1882 wurde St. Jakobus in Elspe abgerissen und neugebaut. St. Nikolaus in Förde entstand 1886/87 als neugotische Hallenkirche, St. Bartholomäus in Meggen 1895/96. Für diese beiden Bauten war Architekt Anton Sunder-Plassmann (1860–1931) verantwortlich, der sich in Grevenbrück niedergelassen hatte. Die 1900/01 durch dessen Bruder Wilhelm (1866–1950) und Ludwig Becker (1855–1940) in Altenhundem errichtete neugotische Kirche bedeutete eine endgültige Trennung von der Mutterkirche in Kirchhundem, zu der Altenhundem seit dem Mittelalter bis 1893 gehört hatte. Noch 1914 entstand der Erweiterungsbau von St. Servatius in Kirchveischede (1908) und der Neubau von St. Jodokus in Saalhausen (1909).

Im heutigen Gebiet von Lennestadt hatten sich nur wenige Juden niedergelassen.[141] Die beiden zunächst in Langenei ansässigen Familien Neuhaus und Winter zogen um 1870 in das benachbarte Altenhundem, wo sie in der Hundemstraße Metzgereien betrieben. Je eine jüdische Familie siedelte sich in Elspe und Förde an. Von den 13 Juden, die 1818 in Oedingen lebten und ein Bethaus unterhielten, starb der letzte 1880. Die Familie Neheimer zog von Lenhausen nach Elspe.

Abb. 31: Schrägluftbild von Altenhundem. In der Bildmitte ist die 1900/01 errichtete katholische Pfarrkirche St. Agatha von Westen aus zu sehen. Foto Postkartenverlag Josef Grobbel, ca. 1935.

Schützen- und andere Vereine

Schützenvereine standen der katholischen Kirche nahe. Schützenfeste begannen (und beginnen) mit einer Messe und einer Totenehrung.[142] Auf die Industrialisierung des Lennetals folgte eine Gründungswelle von Schützenvereinen: 1861 in Meggen und Altenhundem, 1865 in Förde-Grevenbrück, 1873 in Elspe, 1885 in Saalhausen, 1890 in Bilstein-Kirchveischede (1901 wieder getrennt), 1921 in Halberbracht. Die Schützenfeste waren (und sind) Höhepunkte im Jahresablauf. Um sie zu organisieren, ersetzten die Vereine Zelte durch feste Schützenhallen, die als zentrale Versammlungsräume des jeweiligen Ortes dienten. Zum Beispiel feierten die Schützen zwischen Förde und Grevenbrück auf halber Strecke in einem Zelt, bevor man hier 1909 eine Schützenhalle baute. 1930/31 wurde in Altenhundem als Ersatz für die 1929 abgebrannte Schützenhalle als zentraler Versammlungsort durch den Schützenverein die „Sauerlandhalle" gebaut.[143]

Musikvereine bestanden in Förde und Saalhausen bereits vor 1850, während Turnvereine außerhalb von Olpe eine längere Anlaufzeit brauchten.[144] Der erste entstand in Altenhundem 1886. Die Vereine in Bilstein (gegr. 1908) und Saalhausen (gegr. 1910) wählten bezeichnenderweise als Namen „Turn- und Sportverein". Die Zahl der Sportarten erweiterte sich. Noch vor dem Ersten Weltkrieg kam der Fußball hinzu. 1909 entstand der Verein FC Lennetal, später TuRa Altenhundem, heute FC Lennestadt. Die Gründung des VfB Meggen – wie die des SSV Elspe im Jahr 1911 – hatte einen sozialgeschichtlichen Hintergrund, denn der Verein entstand während des großen Bergarbeiterstreiks 1911, der sich über ein Vierteljahr hinzog.

Gewerkschaften und Streiks 1885–1911

Die vom politischen Liberalismus beeinflussten Hirsch-Duncker'schen Gewerkvereine ließen sich als erste Gewerkschaften mit Ortsvereinen im Lennetal nieder.[145] 1885 entstand in Altenhundem ein Ortsverein der Maschinenbau- und Metallarbeiter, der auch in Meggen Fuß fasste. 1896 gab es Ortsvereine zudem in Langenei, Saalhausen und Maumke. Zu dieser Zeit waren die Hirsch-Duncker'schen Gewerkvereine der Konkurrenz der christlichen Gewerkschaft ausgesetzt, die sich v. a. in den Bergbauorten rund um Meggen ausbreitete. Zahlstellen bestanden 1909 in Elspe und Oberelspe. Beim Streik der Bergarbeiter 1911 wirkten beide Organisationen zusammen. Es ging um Lohnerhöhungen und Verbesserung der Arbeitsbedingungen. Als die Forderungen von der Arbeitgeberseite abgelehnt wurden, versammelten sich in Elspe im Januar 1911 zweimal mehrere hundert Bergleute. Dreiviertel der Belegschaften traten in einen Streik, der drei Monate später mit kleinen Erfolgen der Bergleute beendet wurde.

Politik und Wahlen 1893–1933

Angesichts der überwältigenden Mehrheit der katholischen Bevölkerung im Kreis Olpe überrascht es nicht, dass zwischen 1867 und 1892 der Mitbegründer der Zentrumspartei, Peter Reichensperger (1810–1892), Olpe im Reichstag vertrat.[146] Als sein Nachfolger setzte sich der Hagener Journalist Johannes Fusangel (1852–1910) gegen die Vertreter des Zentrum-Establishments, u. a. Carl Loehr, durch, die gegen ihn bei den Reichstagswahlen 1893, 1898 und 1903 kandidierten. Fusangel fuhr in allen Orten des heutigen Stadtgebiets von Lennestadt mehr als zwei Drittel der Stimmen ein. In Oberelspe kam er 1893 auf 95,7 % der Stimmen. Fusangel überwarf sich 1906 mit dem Provinzialkomitee der Zentrumspartei, das konkurrierend den Gewerkschaftssekretär Johannes Becker aufstellte. Becker entschied den Wahlkampf für sich und vertrat als „Becker-Arnsberg" die Interessen des sauerländischen Zentrums in Berlin. In seinem Heimatort Elspe erzielte er mit 85,8 % der Stimmen sein bestes lokales Ergebnis. Dagegen konnte Fusangel in Altenhundem (73,4 %), Langenei (66,1 %) und Saalhausen (57,1 %) eine Stimmenmehrheit auf sich vereinigen. Als Becker 1912 ohne internen Gegenkandidaten antrat, lag die Zustimmung für ihn noch höher. Nur in Meggen kam der Kandidat der SPD auf 13 % der Stimmen, in Altenhundem der Vertreter der Liberalen auf 11,2 % der Stimmen.

Die Dominanz des Zentrums setzte sich in der Weimarer Republik fort.[147] Bei den Wahlen zur verfassunggebenden Nationalversammlung im Januar 1919 wurden im Kreis Olpe 83,8 % der Stimmen für das Zentrum und 10,8 % für die SPD abgegeben. Zwar litt das Zentrum unter Richtungskämpfen im Kreis Olpe und konnte den hohen Grad der Zustimmung bis 1933 nicht

Abb. 32: Schützenfest in Altenhundem. Foto N. N., 1936.

halten.¹⁴⁸ Doch bei allen Reichstagswahlen in diesem Zeitraum lag die Partei – im Gegensatz zu anderen Teilen des katholischen Westfalens – bei stabilen 68 bis 77%. Die beiden Arbeiterparteien SPD und KPD blieben weit dahinter zurück. Allerdings stieg der Stimmenanteil der KPD in der Weltwirtschaftskrise im Kreisgebiet von 1,5% (1928) auf 10,6% (06.11.1932); ihre Hauptorte waren Meggen und Grevenbrück.¹⁴⁹ Die NSDAP war im Lennetal noch 1933 schwach organisiert. Ortsgruppen gab es nur in Altenhundem, Grevenbrück und Meggen. 1932 begegneten sich Anhänger der NSDAP und der KPD in Meggen mit Gewalt, während das Zentrum vor beiden extremen Lagern warnte. Bereits 1931 war bei einer Jugendkundgebung vor 4.000 Teilnehmern in der Altenhundemer Schützenhalle die Bildung einer „Abwehrfront" beschworen und vom „[...] Anfang des Marsches gen Moskau und Hitler, gegen alle Strömungen, die sich mit christlicher Weltanschauung und Lebensauffassung nicht vertragen [...]" gesprochen worden.¹⁵⁰

Nationalsozialismus

Bemerkenswert war das Ergebnis der Wahl vom 5. März 1933, die bereits im Zeichen nationalsozialistischen Terrors stand. 69,1% der Wähler im Kreis Olpe stimmten für das Zentrum und nur 14,3% für die NSDAP. Für das Zentrum hatte am 27. Februar 1933 der frühere Reichskanzler Brüning in der überfüllten Sauerlandhalle in Altenhundem seine Zuhörer begeistert.¹⁵¹

Die NSDAP betrieb „einen immensen Aufwand an Menschen und Material", um gegen das katholische Milieu ihre Macht auf lokaler Ebene zu behaupten und auszubauen.¹⁵² Ein wichtiges Datum war der 1. Mai 1933, als die NSDAP in großem Stil, u. a. in Meggen, Maifeiern organisierte, um bald darauf Gewerkschaftshäuser zu beschlagnahmen. Am 1. Juli 1933 betraf dies die Geschäftsstelle des Volksvereins in Altenhundem. Um die Netzwerke der Katholiken zu zerschlagen, inszenierten die Nationalsozialisten künftig nicht nur den 1. Mai durch Feiern der Deutschen Arbeitsfront, u. a. 1937 in Meggen und 1938 auf der Hohen Bracht. Sie nutzten die Kreisparteitage der NSDAP für Aufmärsche und Propagandaaktionen. Altenhundem machte 1934 den Auftakt. Besonders der Kreisparteitag in Grevenbrück 1937 stach wegen des betriebenen Aufwandes hervor. Hier übernahm die Schriftstellerin Josefa Berens-Totenohl (1891–1969), die seit 1925 in Gleierbrück lebte, mit einer Lesung einen Hauptpart.¹⁵³ In Gleierbrück ließ sie 1937/38 den nach ihrem erfolgreichsten Roman „Femhof" benannten Bau errichten; er steht heute unter Denkmalschutz. Berens-Totenohl war eine Parteigängerin der völkischen Bewegung und der NSDAP im Kreisgebiet vielfach zu Diensten. 2014 beschloss der Rat der Stadt Lennestadt, alle an sie und ihre völkischen Romane erinnernden Straßennamen zu tilgen.

Mit gezielten Terroraktionen ging die NSDAP gegen die katholische Kirche, ihre Geistlichen und Vereine vor. 1934 ermittelte die Gestapo gegen den Altenhundemer Vikar Rudolf Grafe (1898–1966) wegen seiner Jugendarbeit.¹⁵⁴ Der Kirchveischeder Pfarrer A. Ebers wurde 1935 zu sieben Monaten Haft wegen Behinderung der örtlichen Parteiarbeit verurteilt. Die HJ agitierte gegen die katholischen Sportvereine der Deutschen Jugendkraft, die 1934 aufgelöst wurden. Predigten und Prozessionen wurden überwacht. Schützenvereine waren der NSDAP ein Dorn im Auge. 1937 untersagte sie das Schützenfest in Altenhundem, weil der Termin

Abb. 33: Festakt auf dem Marktplatz in Altenhundem während der NS-Zeit. Foto N. N., 1934.

mit dem Kreisparteitag kollidierte. Auf dem Schützenfest in Langenei gerieten die Anhänger der NSDAP, der verbotenen KPD und Katholiken aneinander.¹⁵⁵ Die Jugendherberge in der Burg Bilstein wurde 1936 zur Schulungsstätte der HJ im Kreisgebiet umfunktioniert.¹⁵⁶ „Der permanente Anlauf der Nationalsozialisten auf die Traditionsbestände des katholischen Milieus setzte aber auch Kräfte des Beharrens und Bewahrens frei".¹⁵⁷ Ein Zeugnis ist die 1935 an der Kreuzung von Sand-, Hoch- und Kolpingstraße in Altenhundem errichtete Michaelskapelle, die auf Anregung von Vikar Grafe von Mitgliedern der überwachten Kolpingfamilie gebaut wurde.¹⁵⁸

In das Visier der Gestapo geriet auch der evangelische Pfarrer von Altenhundem-Meggen, Dr. Paul Putzien (1888–1956). Seine Predigten wurden überwacht. Weil er sich 1939 geweigert hatte, mit „Heil Hitler" zu grüßen, saß er zehn Wochen in der Dortmunder Steinwache in Haft. Für seine Freilassung sorgte in überkonfessioneller Kooperation der Altenhundemer Ortspfarrer Heinrich Kotthoff (1881–1967), der selbst 1937 von der Gestapo in Haft genommen worden war.¹⁵⁹

Die Juden im heutigen Stadtgebiet Lennestadt sahen sich zunehmend Verfolgungen ausgesetzt. Vor der Metzgerei Neuhaus ließ 1935 die DAF Transparente mit antisemitischen Parolen anbringen und verbot den Eisenbahnern, dort zu kaufen. Sowohl die Metzgerei als auch das Manufakturengeschäft der Geschwister Winter wurden beim Novemberpogrom 1938 verwüstet. Mehrere Mitglieder der Familien Neuhaus und Winter konnten emigrieren. Kurt und Ruth Winter wurden 1943 in Auschwitz ermordet, Aron Neuhaus, seine Frau Johanna und ihre Tochter Else in Theresienstadt. Von zwei Schwestern Nieheimer aus Elspe verliert sich nach der Deportation Richtung Osten jede Spur. Heute erinnern Stolpersteine vor den Wohnhäusern der Ermordeten sowie der Geschwister-Neheimer-Platz in Elspe an Spuren jüdischen Lebens in Lennestadt.¹⁶⁰

Die lokalen Auswirkungen der beiden Weltkriege

Im Ersten Weltkrieg hatte die heutige Stadt Lennestadt 361 Gefallene zu beklagen (Gemeinde Elspe: 138, Gemeinde Grevenbrück: 86, Gemeinde Kirchveischede: 51; in der Gemeinde Kirchhundem: Altenhundem 60,

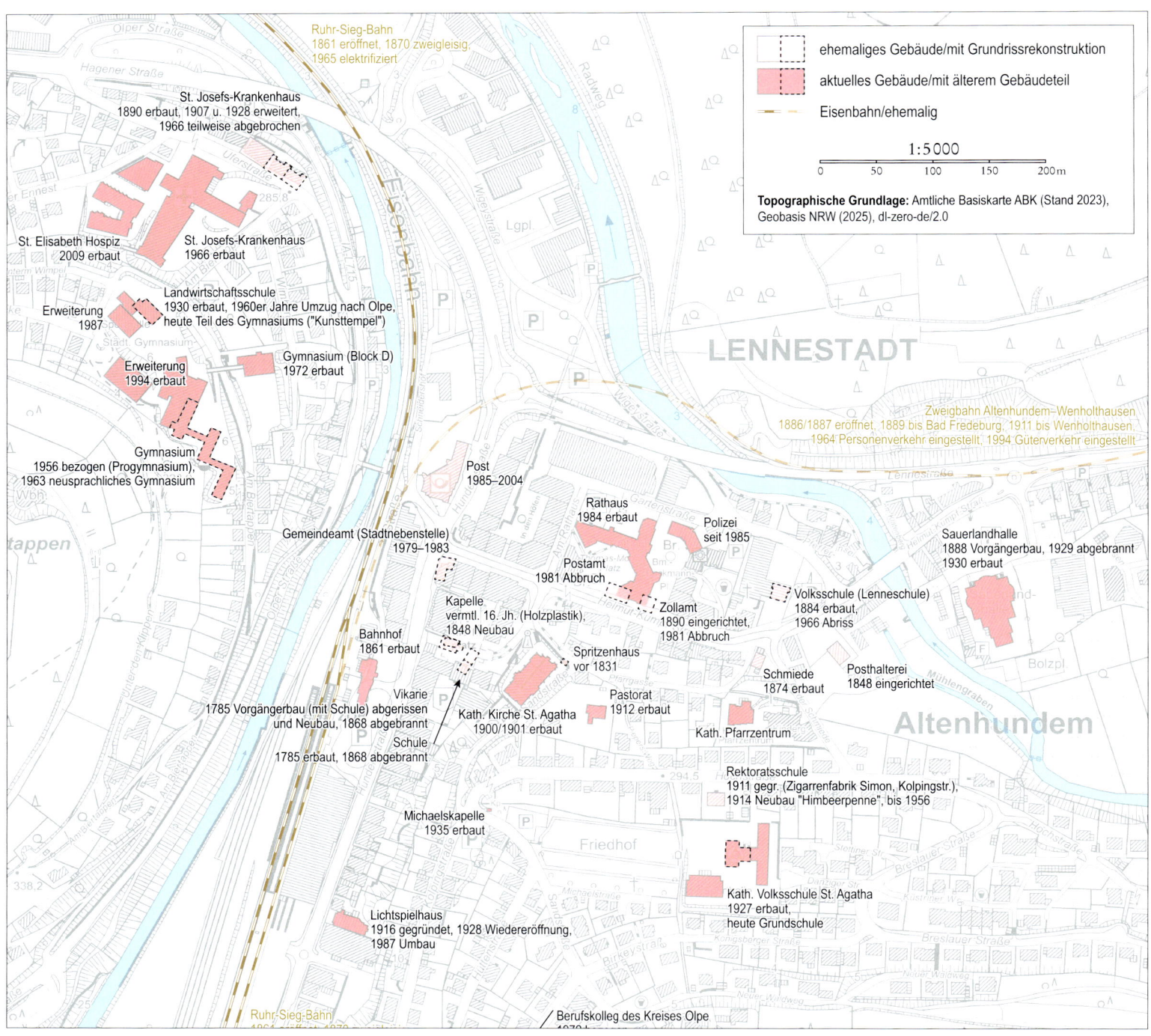

Abb. 34: Die öffentlichen Einrichtungen in Altenhundem seit ca. 1831 (Stand der Interpretation), 1:5 000. Entwurf: Andrea Bräutigam/Tobias Kniep/Thomas Tippach.

Langenei 19, Kickenbach 7).[161] Im Meggener Bergbau wurden französische Kriegsgefangene eingesetzt, an die eine drei Meter hohe Stele erinnert, die der dort internierte Bildhauer Claude Sarrabezolles (1888–1971) schuf. Im Zweiten Weltkrieg waren im Gebiet der heutigen Stadt mehr als 3.500 Zwangsarbeiter in neun Lagern untergebracht, die v. a. in den Gruben der Sachtleben AG in Meggen Sklavenarbeit verrichten mussten. 1945 wurde auf Intervention der Sowjetischen Militärmission oberhalb von Maumke ein Friedhof für die Zwangsarbeiter eingerichtet. Von Kampfhandlungen blieb das Stadtgebiet nicht verschont. Ab 1944 nahmen die Fliegeralarme zu. Am 22. Februar und 5. März 1945 war der Bahnknotenpunkt Altenhundem Ziel von Bombardierungen. Am 23. März 1945 wurde ein Lazarettzug bei Saalhausen angegriffen. Vom 1. April 1945 an war Lennestadt Teil des von den Alliierten eingeschlossenen Ruhrkessels und wurde zwischen dem 9. und 12. April besetzt.

Gemeindegebietsreform bis 1969

Als zu Beginn der 1960er Jahre auf Bundes- und Landesebene Verwaltungsreformen diskutiert wurden, bestand im östlichen Kreisgebiet von Olpe eine seit 1841/42 unveränderte kommunale Gliederung. Sie fußte auf den Kirchspielen des Mittelalters. Die verkehrstechnische und industrielle Entwicklung des 19. Jahrhunderts hatte diese Struktur überrollt. Altenhundem als Verkehrsknotenpunkt übte zwar zentralörtliche Funktionen aus, besaß aber noch nicht einmal eine eigene Gemeindeverwaltung, sondern gehörte unverändert zum Amt Kirchhundem. Unter diesen Umständen verwundert es nicht, dass bereits 1929, als im Ruhrgebiet die Stadtbezirke einen neuen Zuschnitt erhielten, auch im Lenneraum Überlegungen zur Reform der kommunalen Grenzen zirkulierten. Heimatforscher Dr. Albert Kleffmann (1862–1965) kleidete sie in satirische Form. Anlässlich des Straßenbaus von Bilstein nach Altenhundem vermutete er in der „Westfälischen Volkszeitung" unter Pseudonym in plattdeutscher Sprache, dass die Ämter Bilstein und Kirchhundem Pläne zur Eingemeindung schmiedeten. Altenhundem hege bereits großstädtische Träume.[162]

Kleffmanns früher Vorstoß

Noch bevor auf Landesebene Vorgaben kamen, legte das Planungsbüro Dr. Scholz 1964 ein Gutachten vor, das Altenhundem neben Olpe und Attendorn als

Die Gebietsreform zwischen 1964 und 1969

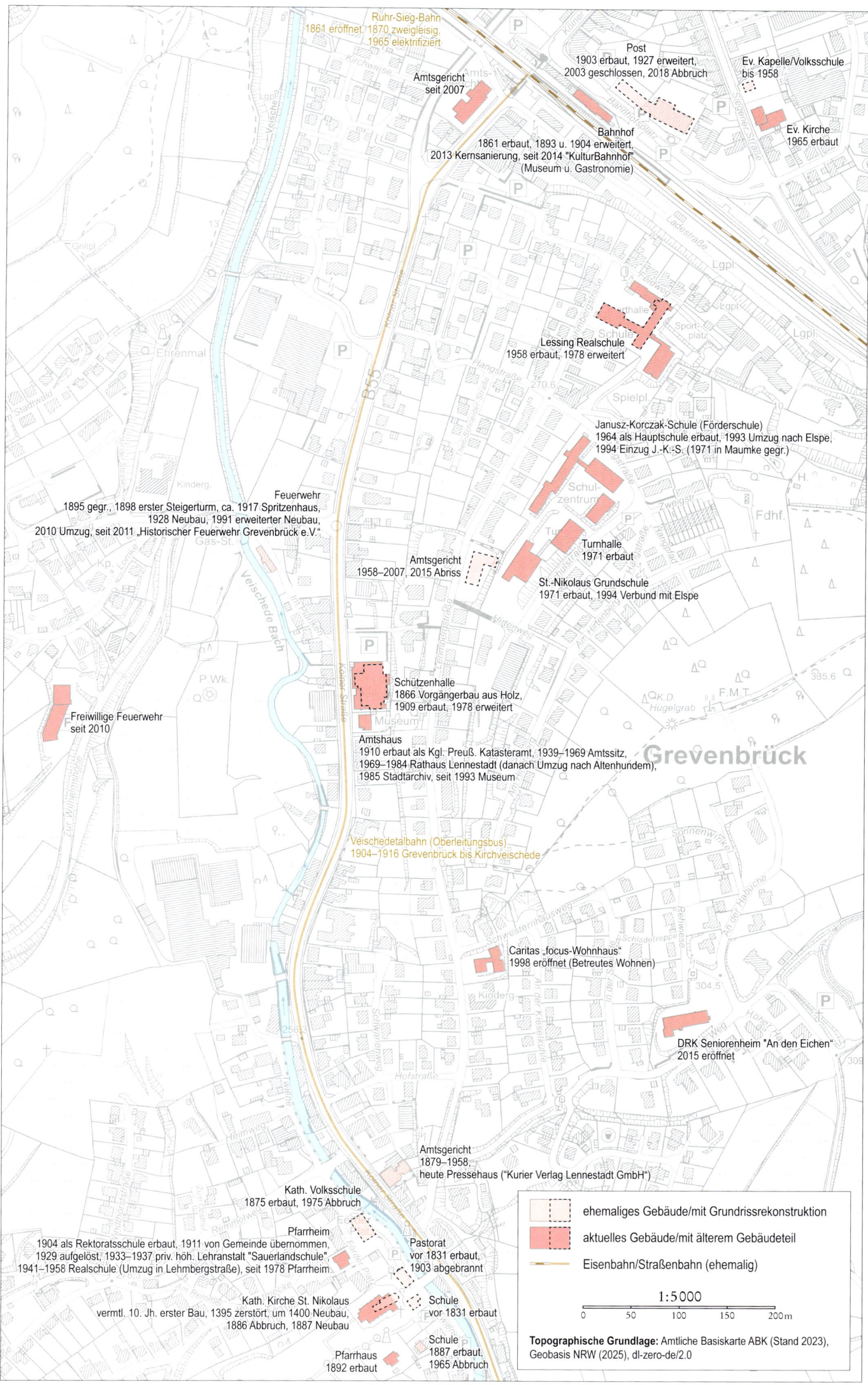

Abb. 35: Die öffentlichen Einrichtungen in Grevenbrück/Förde seit ca. 1831 (Stand der Interpretation), 1:5 000. Entwurf: Andrea Bräutigam/Tobias Kniep/Thomas Tippach.

Abb. 36: Das nach einer Ortskernsanierung 1984 bezogene Rathaus in Altenhundem am Thomas-Morus-Platz, der nach dem Stadtpatron benannt ist. Foto Hans Blossey, 2023.

einen Zentralpunkt zweiter Ordnung im Kreisgebiet benannte.[163] Nun kam Fahrt in die Neuordnung des durch Gemeindegrenzen zerschnittenen Raumes. Ein erstes Zeichen setzten die Gemeinden Kirchhundem und Elspe, als sie 1964 den Bau eines Hallenschwimmbades Meggen/Altenhundem auf dem Ohl in Meggen (heute Lenne-Therme) vereinbarten. Gleichzeitig wurde über die Aufnahme des Sanierungsgebietes zwischen Altenhundem, Maumke und Meggen in den Strukturplan der Landesregierung berichtet. Kreisplaner Heinz Krebber legte im Januar 1965 eine Studie über dieses Planungsgebiet vor. Die Idee, aus den drei Orten eine eigene Gemeinde zu bilden, griff 1966 der damalige Kreisrechtsrat Dr. Joachim Grünewald (1933–2021) auf. Damals kam der Name „Lennestadt" auf. Er wurde auch in dem Bericht von Oberkreisdirektor Zimmermann verwandt, mit dem er im Dezember 1966 das NRW-Innenministerium informierte. Eine Sachverständigenkommission des Landes hatte für den ländlichen Raum zwei Gemeindetypen vorgeschlagen. Der Typ A sollte in der Regel 8.000 Einwohner haben und über bestimmte Formen der Grundversorgung verfügen. Dem Typ B mit mindestens 30.000 Einwohnern wurden zentralörtliche Funktionen für die umgebenden A-Gemeinden zugewiesen. Zimmermanns Bericht sah im Ostteil des Kreises ein Amt Lennestadt mit den Gemeinden Lennestadt, Grevenbrück, Kirchhundem und Welschen Ennest vor. Innenminister Weyer gefiel dieser Vorschlag nicht. Er bestand auf einer Zweierlösung mit der B-Gemeinde Lennestadt und Kirchhundem. Weyers Lösungsvorschlag ging in das vom Landtag am 10. Juni 1969 beschlossene Gesetz zur Neugliederung des Kreises Olpe ein. Bereits zum 1. Juli trat das Gesetz in Kraft. Die neue Stadt Lennestadt setzte sich aus sieben früheren Gemeinden oder Gemeindeteilen aus vier Ämtern zusammen. In ihrem Gebiet zählte man 48 Wohnplätze, von denen 27 weniger als 100 Einwohner hatten. Noch nicht dabei waren Oedingen und Milchenbach. Milchenbach blieb bis 1974 bei der Gemeinde Lenne, die schließlich ohne Milchenbach nach Schmallenberg eingemeindet wurde. Oedingen gehörte damals noch zum Kreis Meschede und kam 1974 nach Schaffung des Hochsauerlandkreises ebenfalls zu Lennestadt.

Die Suche nach einem Verwaltungszentrum 1969–1981

Mit der Gründung der Stadt Lennestadt stellte sich die Frage, wo der endgültige Standort der Verwaltung der neuen Kommune sein sollte. Vorläufiges Domizil bot das Haus der aufgelösten Amtsverwaltung Bilstein in Grevenbrück. Für ein mit den Aufgaben wachsendes Personal war die Lösung unzureichend. Die Kreisplanungsstelle legte 1968 eine Studie über Entwicklung und Flächenbedarf von Lennestadt mit einem Verwaltungszentrum zwischen Altenhundem und Meggen vor. Der Rat gab eine externe Studie in Auftrag, die den Standort der Verwaltung von Lennestadt zwischen beiden Ortsteilen vorschlug. Der Rat folgte dieser Empfehlung und definierte mit großer Mehrheit auf seiner Sitzung am 29. April 1970 als Kernraum der Stadt das Gebiet Altenhundem/Meggen/Maumke. Dort solle auch der Standort der Verwaltung sein. Dagegen rebellierte Grevenbrück, das sich als Verlierer sah. Der Schützenverein bot das Gelände an seiner Schützenhalle, direkt an der B 55 gelegen, der Stadt als Sitz der künftigen Hauptverwaltung an. Mit 15:14 Stimmen wurde dieses Angebot im Rat im November 1970 und dann nochmals im Januar 1971 abgelehnt. Fortan kochte das Thema „Standort der Verwaltung" in der Öffentlichkeit hoch. Der Städteplaner Hans Mausbach (Essen) empfahl die Schaffung einer neuen Stadtmitte („die Niere") in der Lenneniederung zwischen Altenhundem und Meggen. Die Bezirksregierung Arnsberg verweigerte diesem Vorschlag ihre Zustimmung, sodass er bald wieder Makulatur wurde. Regierungspräsident Fritz Ziegler vertrat die

Abb. 37: Schrägluftbild Bilstein von Westen. Foto Hans Blossey, 2008.

Auffassung, das neue Rathaus müsse in Altenhundem stehen. Eine Bürgerinitiative warf ihm „diktatorische Maßnahmen" vor. Gleichzeitig stieß „Lennestadt" auf schroffe Ablehnung: „ein durch den Staat geschaffenes Mißgebilde".[164] Es dauerte einige Zeit, bis der Rat in Lennestadt zähneknirschend die Arnsberger Vorstellungen akzeptierte. Er beschloss am 28. Februar 1973, dass das künftige Verwaltungszentrum in einem Radius von 1.000 Metern um die Kreuzung von B 517 und B 236 entstehen solle. Um dies zu realisieren, war ein Sanierungsprogramm erforderlich, das umstritten blieb. Es fand erst im Januar 1976 einstimmige Unterstützung im Rat. Die Sanierung veränderte den Ortskern von Altenhundem grundlegend; an die dörfliche Vergangenheit erinnert seitdem fast nichts mehr. Am 22. September 1976 wurde für den Rathausneubau ein Architektenwettbewerb ausgeschrieben, den die Architektengemeinschaft Klein, Koritzius und Partner in Hagen gewann. Im Februar 1984 zog die Stadtverwaltung aus Grevenbrück nach Altenhundem um und nahm am 1. März 1984 ihren Dienstbetrieb in neuen Räumlichkeiten auf. Die Baukosten betrugen 17,1 Mio. DM.

Sanierung und Rathausneubau lenkten zwischen 1969 und 1989 mit 111 Mio. DM die meisten Investitionen der Kommune nach Altenhundem.[165] In den 1990er Jahren änderte sich das zugunsten der übrigen Ortsteile. Für das Zusammenwachsen von Lennestadt waren symbolische Akte und organisatorische Veränderungen auf Ebene der Gesamtstadt (z. B. Stadtsportverband, Stadtverband für Musikwesen, Stadtchorverband) wichtig. Seit 1979 feiern die Schützenvereine alle fünf Jahre ein Stadtschützenfest, das reihum von einem der 14 Schützenvereine veranstaltet wird. Vor dem neuen Rathaus entstand 1988 ein Stadtbrunnen, der zu allen Ortschaften Platten enthält und ein „Symbol der Gemeinsamkeit" darstellt.[166] 1996 fand bereits das zwanzigste Stadtfest statt, am 2. Juli 2019 ein Festakt zum 50-jährigen Jubiläum. Bei dieser Gelegenheit wurde die Lennestadt-Hymne uraufgeführt, die die Probleme bei der Stadtwerdung nicht verschwieg: „Es war nicht einfach, doch mutig entstand die junge Stadt im Sauerland". Das offizielle Plakat warb mit dem Slogan „50 Jahre – meine Stadt – unsere Dörfer: Lennestadt: Der Schatz im Sauerland".[167]

Abb. 38: Brunnen vor dem Rathaus in Lennestadt. Foto Stefan Flöper, 2006.

Abb. 39: Schrägluftbild Grevenbrück von Süden. Foto Hans Blossey, 2023.

Abb. 40: Schrägluftbild Altenhundem von Süden. Foto Hans Blossey, 2023.

Quellenkritische Bemerkungen
Thomas Tippach

Die großherzoglich hessische Regierung hatte bereits 1803 beschlossen, bislang schatzfreie Güter einer Grundsteuer zu unterwerfen, und hierfür eine Katasteraufnahme angeordnet. 1804 war eine allgemeine Vermögenssteuer eingeführt worden, die auf der Grundlage einer Selbsteinschätzung aller Grundbesitzer erhoben werden sollte. Das Vorgehen erwies sich jedoch als Fehlschlag. 1807 wurde daher eine Kommission eingesetzt, die die Besteuerung auf eine neue Grundlage stellen sollte. Es wurde die Anlage provisorischer Feld- und Lagerbücher für das gesamte Staatsgebiet veranlasst. Erfasst werden sollten alle im jeweiligen Gemeindebezirk liegenden Grundstücke „nach Ordnung ihrer Lage". Gleichzeitig sollten diese Bücher Angaben über den Besitzer, die exakt vermessene Größe des jeweiligen Grundstücks und die Kulturart enthalten. Um eine gerechtere Steuererhebung vornehmen zu können, sollten zudem alle Grundlasten erfasst und eine Bonitierung des Bodens vorgenommen werden. Eine Besteuerung der Gebäude und des Hofraums war nicht vorgesehen. Auf dieser Grundlage, die ausdrücklich nicht mit einer Kartierung verbunden war – hier erfolgte erst 1810 eine entsprechende Verordnung, die aber in der Praxis nicht über die Anlage eines trigonometrischen Netzes hinausführte –, entstanden für Bilstein und die in diesem Atlas behandelten Gemeinden 1809 Flurbücher, die im Landesarchiv NRW, Abt. Westfalen aufbewahrt sind. Diese Erhebung bildete die Grundlage für die Steuerumlage bis zum Grundsteuergesetz für die preußischen Westprovinzen 1839. Dem Grundsteuergesetz war zwischen 1820 und 1834 eine flächendeckende Neuvermessung vorangegangen. Im Zuge dieser Katasteraufnahme, die für die Steuergemeinden Bilstein, Altenhundem, Grevenbrück und Förde 1831 durchgeführt wurde, erfolgte eine exakte Parzellarvermessung der jeweiligen Gemeinden. Anders als in den vorangegangenen Jahrhunderten war von vornherein auch eine kartographische Darstellung der Vermessung vorgesehen. Die Gemeinden wurden in verschiedene Flurstücke aufgeteilt, die nicht unbedingt mit älteren Flurkomplexen zusammenfallen mussten. Der Grenzverlauf der jeweiligen Fluren sollte sich in erster Linie an naturräumlichen Gegebenheiten orientieren. Diese Flurkarten im Maßstab 1:2 500 (bzw. 1:1 250 für Ortskerne) entstanden als Inselkarten, die auf den Tafeln 1a bis 1c im Zuge einer Neuzeichnung jeweils zu einer Rahmenkarte zusammengefügt wurden. Hierzu wurden die Flurkarten georeferenziert und anschließend vektorisiert. Da das Kataster bis zur Neuvermessung im Gefolge der Grundsteuerreform 1861 stets aktuell gehalten wurde und entsprechende Besitzveränderungen kartiert sind, wurde die ursprüngliche Parzellarstruktur rekonstruiert. Hierzu und zur Bestimmung der Flächennutzung in den einzelnen Parzellen wurden zudem die Flurbücher und die im Zuge der Geländearbeit von den jeweiligen Geometern erstellten Handrisse, die ebenso wie die Katasterkarten beim Fachdienst Liegenschaftskataster und Geoinformation beim Kreis Olpe überliefert sind, ausgewertet. Da die preußische Katastervermessung durch die Steuerverwaltung vorgenommen wurde, erfolgte keine Erhebung des Reliefs, dessen Kenntnis für die Grundrissinterpretation unverzichtbar ist. Die auf der Tafel ergänzten Höhenlinien wurden aus dem Digitalen Geländemodell (Geobasis NRW 2023) generiert. Sie zeigen somit das gegenwärtige Relief, das nur in seinen Grundzügen, nicht aber in den exakten Höhenangaben den historischen Gegebenheiten entspricht.

Die Veröffentlichung von Umlandkarten gehört zum Standardrepertoire der Städteatlanten. Sie bieten eine Einordnung der Stadt in das Umland und zeigt neben dem Relief die Einbindung der Siedlungen in das Verkehrsnetz. Die Karte 2a bietet einen Zusammenschnitt der im Zuge der topographischen Landesaufnahme erstellten Karten im Maßstab 1:25 000, die für die heutige Stadt Lennestadt 1840 (Nr. 4813 Attendorn, 4814 Lennestadt, 4913 Olpe) und 1841 (Blatt 4914 Kirchhundem) entstanden sind. Die Kartenaufnahme (Uraufnahme) erfolgte durch den Generalstab und hatte daher in erster Linie militärischen Bedürfnissen zu dienen. Entsprechend wurde v. a. auf die Darstellung des Reliefs Wert gelegt. Hierbei kam es nicht auf die Erfassung der Höhe an, sondern entscheidend war die für militärische Operationen relevante Darstellung der Geländeneigung. Hierfür wurde die Schraffenmanier genutzt, wobei die Dichte der Schraffen den Neigungswinkel wiedergab. Dies führt nicht zuletzt in der Karte dazu, dass in der Darstellung der Steilhänge entlang des Veischedebachs bzw. am Ostufer der Lenne v. a. zwischen Meggen und Altenhundem darüberhinausgehende topographische Informationen nur bedingt eingetragen wurden. Da die Karten als geheim eingestuft wurden, die Behörden der Zivilverwaltung und die Wirtschaft aber zunehmend nach exakten Karten verlangten, erfolgte in den 1860er Jahren die Entscheidung des preußischen Staats zu einer Neuaufnahme, die dann sukzessive seit den 1890er Jahren durchgeführt wurde. Der Blattschnitt orientierte sich an den Blättern der Uraufnahme, jedoch wurde das trigonometrische Netz verdichtet, sodass die Lagegenauigkeit der Abbildung verbessert werden konnte. Neu war zudem die exakte Höhenmessung, die auf den Amsterdamer Pegel bezogen war, und die Darstellung des Reliefs mit Höhenlinie, wodurch eine vollständige Erfassung topographischer Gegebenheiten möglich wurde. Die Karten werden seit den 1920er Jahren regelmäßig neu aufgenommen. Mit den hier präsentierten vier Zeitschnitten ist es möglich, das Flächenwachstum der Gemeinden kartographisch nachzuvollziehen.

Die Ansichtskarte, die auf 1898 zu datieren ist, bietet Ortsansichten von Altenhundem, Bilstein und Meggen sowie im Zentrum eine Ansicht der Adolfsburg. Die in Oberhundem gelegene, ab 1676 im Auftrag Johann Adolfs von Fürstenberg als Jagdschloss errichtete Adolfsburg liegt außerhalb des heutigen Stadtgebietes von Lennestadt. Johann Adolf von Fürstenberg war Erbdrost in den kurkölnischen Ämtern Bilstein, Fredeburg und Waldenburg. Sein Amtssitz lag auf der Burg Bilstein.

Neben der Adolfsburg erfasst die Ansichtskarte wesentliche Siedlungskerne Lennestadts. Sie zeigt Bilstein von Süden mit der namengebenden Höhenburg und der am südlichen Ortsrand gelegenen, 1878 als Filiale der Pfarre Kirchveischede geweihten Kirche St. Agatha. Der Blick auf Altenhundem weist nach Osten in das sich öffnende Lennetal. Noch fehlt die ortsbildprägende, 1900/01 erbaute, ebenfalls St. Agatha geweihte Pfarrkirche. Auch Meggen wird von Westen aus dargestellt. Der Standort des Zeichners ist östlich der Eisenbahn anzunehmen, da sie in der Darstellung nicht abgebildet ist. Im Mittelpunkt steht die 1895/96 errichtete Pfarrkirche St. Bartholomäus; die Lenne ist durch die Bebauung weitgehend verdeckt. Die industrielle Prägung Meggens durch die östlich der Gemeinde liegenden Gruben der Sicilia Gewerkschaft ist nicht erkennbar.

Der Stahlstich erschien in Ferdinand Freiligraths und Levin Schückings Werk „Das malerische und romantische Westphalen", das erstmals 1841 in Barmen verlegt wurde. Die Bildvorlage für den Stahlstich fertigte Carl Schlickum, der 1808 in Eilpe geboren wurde, und der für das Werk Freiligraths und Schückings seit 1839 Westfalen bereiste. Schlickum wanderte nach seiner Beteiligung an der Revolution 1849 in Iserlohn 1851 in die USA aus. Der Stahlstich bietet eine Sicht aus südwestlicher Richtung auf Bilstein. Er zeigt die Burg auf dem steil ins Veischedetal abfallenden Felsen. Die Bebauung unterhalb der Burg zeigt die vom Brand 1827 verschonten Fachwerkbauten, während die Neubauten an der Durchgangsstraße von Kirchveischede nach Grevenbrück nach dem Brand als Massivbauten ausgeführt wurden. Am rechten Bildrand ist die St. Gangolf geweihte, ursprünglich vor 1500 errichtete und um 1652 erneuerte Kapelle zu sehen. Der Vordergrund wird durch Staffagefiguren belebt.

Renier Roidkin (1684–1741) stammte aus der Wallonie. Er fertigte eine Vielzahl von Zeichnungen im Auftrag verschiedener Adeliger und nicht zuletzt im Auftrag des Kurfürsten Clemens August an. Erhalten sind zwei Skizzenbücher im Bestand des Rheinischen Amts für Denkmalpflege in Brauweiler, die einen Einblick in sein Schaffen bieten. Diese beinhalten eine Vielzahl von Schloss- und Ortsansichten aus dem Rheinland, aus Westfalen und dem Fürstbistum Hildesheim, die sich ungeachtet der Skizzenhaftigkeit als relativ realitätsnah erweisen. Allein für Bilstein sind 5 Zeichnungen überliefert, die in die Zeit um 1720 bis 1730 datiert werden. Sie bieten eine Sicht aus verschiedenen Richtungen auf die Burg und die darunter liegende Freiheit. Ausgewählt wurde hier die Ansicht aus Südosten. Sie zeigt die Burg mit dem nicht mehr erhaltenen Südostbau. Darüber hinaus zeigt sie die kleine, aber dicht bebaute Freiheit. Im Vordergrund ist die St. Gangolf-Kapelle mit polygonalem Chorschluss und Dachreiter zu erkennen. Ihre besondere Bedeutung gewinnt die Zeichnung durch die Darstellung der Befestigung der Freiheit durch eine Mauer, die nicht nur den Zugang zum Ort durch das Veischedetal sichert, sondern auf halber Höhe unterhalb der Burg die Freiheit von der Burg trennt. Auf dem Situationsplan, der im Gefolge des Brandes 1827 angelegt wurde, ist dieser Teil der Befestigung nicht überliefert. Lediglich am Osteingang der Freiheit ist eine Mauer (Abb. 14 u. 11) eingezeichnet.

Zum Kanon des Städteatlasses gehört eine Erfassung der öffentlichen Einrichtungen seit der Katasteraufnahme. Auf der modernen Stadtkarte – als Grundlage dient die aktuelle Amtliche Basiskarte – werden Standorte und Lageveränderungen der Einrichtungen der öffentlichen Verwaltung, von Einrichtungen der öffentlichen Daseinsvorsorge, wie Krankenhäuser, Schulen, Sparkassen, Gas-, Elektrizitäts- und Wasserwerken und ggf. städtischem Grün ebenso abgebildet wie die Entwicklung der religiösen Infrastruktur, die für das gesellschaftliche Leben in den Städten bis weit in die Moderne von nicht zu unterschätzender Bedeutung ist, boten die Kirchen doch in einer Zeit des Wandels Stabilität. Das Programm wird im Atlas Bilstein und Lennestadt ebenfalls geboten, doch wurde auf eine Kartierung für Bilstein aufgrund des Mangels an öffentlichen Einrichtungen verzichtet. Grundsätzlich sind diese Karten aber besonders geeignet, neue und weiterführende Erkenntnisse für vergleichende Stadtgeschichtsforschung, insbesondere für die Kleinstadtforschung bereitzustellen.

1   G. Becker/H. Mieles, Bilstein. Land. Burg und Ort. Beiträge zur Geschichte des Raumes Lennestadt und der ehemaligen Herrschaft Bilstein, Lennestadt 1975, S. 12–17; M. Baales/E. Cichy/M. Zeiler, Archäologie im Kreis Olpe, Münster 2017.
2   O. Lucas, Das Olper Land, Münster 1941, S. 11f.
3   W. Müller-Wille, Bodenplastik und Naturräume Westfalens, Münster 1966, S. 84.
4   J. Chanko/M. Zeiler, Das älteste Gräberfeld im Mittelgebirge Südwestfalens bei Lennestadt-Elspe, in: Archäologie in Westfalen-Lippe 2021, S. 75–78; M. Zeiler, Bronzezeitliche Neufunde aus Südwestfalen, in: Archäologie in Westfalen-Lippe (2022), S. 64–68.
5   A. K. Hömberg, Heimatchronik des Kreises Olpe, Köln ²1967, S. 18–24.
6   H. Conrad, Ein Zehntlöseregister der Familie Rump aus dem Jahre 1279, in: Südwestfalen-Archiv 2 (2002), S. 55–68.
7   C. Kneppe, Zur Geschichte der Burg bei Grevenbrück, in: S. Lukanow, Die Burg Förde – Peperburg – bei Grevenbrück, Olpe 1997, S. 117–130; Hömberg, Heimatchronik (wie Anm. 5), S. 67; Ders., Geschichte der Comitate des Werler Grafenhauses, in: WZ 100 (1950), S. 3–135, S. 78, Anm. 120.
8   M. Westerburg-Frisch (Hg.), Die ältesten Lehnbücher der Grafen von der Mark (1392 und 1393), Münster 1967, S. XXI.
9   Becker/Mieles, Bilstein (wie Anm. 1), S. 209.
10 C. Heinemann, Bilstein im 15.–17. Jahrhundert, in: HSO 92–94 (1973/74).
11 J. S. Seibertz, Urkundenbuch zur Landes- und Rechtsgeschichte des Herzogthums Westfalen, Bd. II: Urkunden von 1300 bis 1400, Arnsberg 1843 [Seibertz, UB II], S. 119, Nr. 556; Hömberg, Heimatchronik (wie Anm. 5), S. 45.
12 A. Bruns, Bilstein in der westfälischen Landesgeschichte. Festvortrag „750 Jahre Bilstein" vom 28. Juni 1975, in: HSO 98 (1975), S. 141; Kneppe, Burg bei Grevenbrück (wie Anm. 7), S. 123–127; Dies., Burgen und Städte als Kristallisationspunkte von Herrschaft zwischen 1100 und 1300, in: H. Klueting (Hg.), Das Herzogtum Westfalen, Bd. 1, Münster 2009, S. 209.
13 M. Sönnecken, Forschungen zur mittelalterlichen Rennfeuerverhüttung im Kreis Olpe. Ergebnisse zu Geländebegehungen und Grabungen, Olpe 1982; M. Watzek/O. Glasmacher, Bergbau in Oberveischede, Norderstedt 2015; W. Reininghaus/R. Köhne, Berg-, Hütten- und Hammerwerke im Herzogtum Westfalen im Mittelalter und in der frühen Neuzeit, Münster ²2020, S. 338f.
14 L. Schütte, Wörter und Sachen aus Westfalen 800 bis 1800, Duisburg ²2014, S. 304f.: Art. *frigrêve; frigrêveschap*; A. K. Hömberg, Grafschaft, Freigrafschaft, Gografschaft, Münster 1949; Ders., Die Entstehung der westfälischen Freigrafschaften als Problem der mittelalterlichen deutschen Verfassungsgeschichte, Münster 1954. Hömbergs Thesen stießen auf z. T. scharfe Kritik; vgl. hierzu W. Janssen, A. K. Hömbergs Deutung von Ursprung und Entwicklung der Veme in Westfalen, in: Der Raum Westfalen. Bd. VI: Fortschritte der Forschung und Schlussbilanz, Teil 1, Münster 1989, S. 188–214.

15 Druck: N. Kindlinger, Münsterische Beiträge zur Geschichte Deutschlands hauptsächlich Westfalens, Bd. 3, Teil 1, Münster 1793, S. 635–640; dazu J. S. Seibertz, Zur Topographie der Freigrafschaften: Die Freigrafschaften im Land Bilstein-Fredeburg, in: WZ 29 (1871), S. 68–120; T. Lindner, Die Feme. Geschichte der „heimlichen Gerichte" Westfalen, ND der 2. Aufl., Paderborn 1989, S. 99–104.
16 J. S. Seibertz, Urkundenbuch zur Landes- und Rechtsgeschichte des Herzogthums Westfalen, Bd. III, Arnsberg 1854 [Seibertz, UB III], S. 272, Nr. 1031.
17 Seibertz, UB III (wie Anm. 16), S. 283f., Nr. 1034.
18 Westfälisches Urkundenbuch, Bd. XI: Die Urkunden des kölnischen Westfalen 1301–1325, bearb. v. Manfred Wolf, Münster 2005, S. 1260, Nr. 2120.
19 J. S. Seibertz, Urkundenbuch zur Landes- und Rechtsgeschichte des Herzogthums Westfalen, Bd. I, Arnsberg 1839 [Seibertz, UB I], S. 521f., Nr. 431 (falsche Datierung). 1291 korrekt (U: März 1290 nach Kirchenjahr; heute: 1291); Westfälisches Urkundenbuch. Fortsetzung von Erhards Regestae historiae Westfaliae. Hrsg. von dem Verein für Geschichte und Althertumskunde Westfalens, Bd. VII: Die Urkunden des kölnischen Westfalens vom J. 1200–1300, bearb. v. Staatsarchiv Münster, Münster 1908 [WUB VII], S. 1035, Nr. 2192; M. Wolf (Bearb.), Das Archiv des ehemaligen Klosters Grafschaft. Urkunden und Akten, Arnsberg 1972, S. 12, Nr. 26.
20 Seibertz, UB I (wie Anm. 19), S. 596f., Nr. 460; WUB VII (wie Anm. 19), S. 1126, Nr. 2354; Wolf, Grafschaft (wie Anm. 19), S. 14f., Nr. 32.
21 Seibertz, UB II (wie Anm. 11), S. 229f., Nr. 623.
22 Zu Burgmannen generell: W. Bockhorst, Burgmannen und Burgmannsrecht in Westfalen im Spätmittelalter, in: WZ 168 (2018), S. 9–27.
23 Westerburg-Frisch, Lehnbücher (wie Anm. 8), S. 10, 116f.
24 Nachweise: Becker/Mieles, Bilstein (wie Anm. 1), S. 70.
25 Seibertz, UB III (wie Anm. 16), S. 104f., Nr. 950.
26 Hömberg, Heimatchronik (wie Anm. 5), S. 84.
27 A. Mette, Die große Dortmunder Fehde von 1388 und 1389 nebst Urkundenbuch und einer Karte, in: Beiträge zur Geschichte Dortmunds und der Grafschaft Mark 4 (1886), S. 92; H. Schoppmeyer, Städte in Westfalen, Paderborn 2021, S. 199.
28 W. Reininghaus, Bad Fredeburg (Schmallenberg) (Historischer Atlas westfälischer Städte 16), hg. v. d. Historischen Kommission für Westfalen u. d. Institut für vergleichende Städtegeschichte durch Thomas Tippach, Münster 2023.
29 C. Haase, Die Entstehung der westfälischen Städte, Münster ³1976, S. 151 („keine Anzeichen dafür [...], daß die Freiheit in die Zeit vor 1350 zurückreicht").
30 LAV NRW W, HW Landesarchiv Akten 250, fol. 28.
31 Archiv Fürstenberg Herdringen (AFH), Urkunden 20012 zu 1520 IX 29.
32 Becker/Mieles, Bilstein (wie Anm. 1), S. 233.
33 U. Lobbedey, Burg Bilstein, Münster 1982; J. Friedhoff,

Theiss – Burgenführer Sauerland und Siegerland, Stuttgart 2002, S. 40f.; T. Hundt, Burg Bilstein im Laufe der Jahrhunderte, in: Becker/Mieles, Bilstein (wie Anm. 1), S. 185–200.

34 Nachgewiesen ist dieses Votivbild – ohne Hinweis, wo sich das Original befindet – in: Alte Kunst im kurkölnischen Sauerland, hg. v. Kreisheimatmuseum Attendorn, Münster 1972, Nr. 226 sowie bei F. von Klocke/G. Theuerkauf, Fürstenbergische Geschichte, Bd. 2: Die Geschichte des Geschlechtes von Fürstenberg von 1400 bis um 1600, Münster 1971, S. 187f.

35 G. Dehio, Handbuch der Deutschen Kunstdenkmäler. Nordrhein-Westfalen II: Westfalen, hg. unter wissenschaftlicher Leitung von U. Quednau, Berlin/München ²2016, S. 559.

36 Text nach M. Wolf (Bearb.), Rechte, Güter und Lehen der Kölner Erzbischöfe in Westfalen, Münster 2014, S. 377f.

37 Selbach ist als Amtmann erwähnt in AFH Urkunde 23329 (1447) und LAV NRW W, E 301u (Grafschaft Rietberg) Urkunden Nr. 85 (nach 1356). Vgl. L. Tewes, Zur Pfand- und Amtspolitik der Erzbischöfe von Köln im Spätmittelalter (1306–1463), Köln/Wien 1987.

38 Becker/Mieles, Bilstein (wie Anm. 1), S. 73–75; Friedhoff, Burgenführer (wie Anm. 33), S. 39.

39 Friedhoff, Burgenführer (wie Anm. 33), S. 195.

40 LAV NRW W, U 194 (Gesamtarchiv Romberg), Urk. 978.

41 Er muss 1530 gestorben sein; 1528/29 trat er als Drost zu Bilstein im Grenzkonflikt mit Nassau bei Brachthausen auf; LAV NRW W, E 401 (Fürstentum Nassau-Siegen), Nr. 571, 572.

42 LAV NRW W, U 194, Nr. 1185.

43 Nachweise Wolf, Grafschaft (wie Anm. 19), S. 107, Nr. 289; S. 109, Nr. 292; S. 111, Nr. 296; S. 116, Nr. 306; S. 117, Nr. 308.

44 Nachweise Wolf, Grafschaft, S. 113f., Nr. 312–314; S. 123f., Nr. 328–331; S. 128f., Nr. 342; S. 129f., Nr. 348, 350.

45 von Klocke/Theuerkauf, Fürstenberg 2 (wie Anm. 34), S. 51.

46 Seibertz, UB III (wie Anm. 16), S. 274–283, Nr. 1033, hier S. 278 § 16.

47 R. Oberschelp/H. Richtering (Bearb.), Die Schatzungsregister des 16. Jahrhunderts für das Herzogtum Westfalen, Teil 1: Die Register von 1536 und 1565, Münster 1971, S. 3f.

48 H. Conrad/G. Teske, Sterbzeiten. Der Dreißigjährige Krieg im Herzogtum Westfalen. Eine Dokumentation, Münster 2000, S. 45 zu 1628.

49 AFH, Urkunde 23441.

50 J. S. Seibertz, Die Topographie der Freigrafschaften: Die Freigrafschaften im Lande Bilstein-Fredeburg, in: WZ 29 (1871), S. 69–120, 72f.

51 Zu ihm vgl. von Klocke/Theuerkauf, Fürstenberg 2 (wie Anm. 34), S. 48–57, Zitat S. 51; Becker/Mieles, Bilstein (wie Anm. 1), S. 76f.

52 G. Theuerkauf, Kaspar von Fürstenberg, in: H. Lahrkamp u. a. (Bearb.), Fürstenbergische Geschichte, Bd. 3: Die Geschichte des Geschlechtes von Fürstenberg im 17. Jahrhundert, Münster 1971, S. 1–27; Becker/Mieles, Bilstein (wie Anm. 1), S. 81–86; F. I. Pieler, Leben und Wirken Caspar's von Fürstenberg. Nach dessen Tagebüchern, Paderborn 1873; A. Bruns (Bearb.), Die Tagebücher Kaspars von Fürstenberg, 2 Bde., Münster 1987.

53 Theuerkauf, Kaspar von Fürstenberg (wie Anm. 52), S. 9.

54 Ebd., S. 18.

55 Zu ihm M. Schöne, Die Kinder Kaspars, in: Lahrkamp u. a. (Bearb.), Fürstenberg 3 (wie Anm. 52), S. 56–79; Becker/Mieles, Bilstein (wie Anm. 1), S. 94–97.

56 M. Vormberg, Die Zaubereiprozesse des kurkölnischen Gerichts Bilstein 1629/30, Olpe 2019, S. 187.

57 Hömberg, Heimatchronik (wie Anm. 5), S. 113f.; Schöne, Kinder (wie Anm. 55), S. 86; Becker/Mieles, Bilstein (wie Anm. 1), S. 96; Conrad/Teske, Sterbzeiten (wie Anm. 48), S. 250–252.

58 AFH, Urk. 1091.

59 LAV NRW W, HW Landesarchiv Akten 1069; LAV NRW R, RKG 581/2492.

60 Becker/Mieles, Bilstein (wie Anm. 1), S. 94–96; A. Kleffmann, Festbuch zur Siebenhundertjahrfeier der Schloßfreiheit und Herrschaft Bilstein 1925, Dortmund 1925, S. 50–52.

61 Conrad/Teske, Sterbzeiten (wie Anm. 48), S. 337.

62 Ebd., S. 261f.

63 Becker/Mieles, Bilstein (wie Anm. 1), S. 227–230.

64 Die Instruktion für ihn ist gedruckt bei Becker/Mieles, Bilstein (wie Anm. 1), S. 100.

65 J. Freusberg, Die Familie Freusberg in Westfalen, in: Beiträge zur westfälischen Familienforschung 25/26 (1967/68), S. 61–76; Becker/Mieles, Bilstein (wie Anm. 1), S. 109–113.

66 Becker/Mieles, Bilstein (wie Anm. 1), S. 115f.

67 D. Pfau, 200 Jahre Geschichte des Kreises Olpe 1817–2017, Olpe 2017, S. 16f.

68 F. Honselmann, Von zwei Hochzeiten um die vorletzte Jahrhundertwende, in: Heimatblätter für den Kreis Olpe 10 (1933), S. 42; Becker/Mieles, Bilstein (wie Anm. 1), S. 111.

69 P. Best-Vasbach, Die Vasbachs auf der Vasbach. Eine Familienchronik von 1490 bis 1946, Münster 1949.

70 Becker/Mieles, Bilstein (wie Anm. 1), S. 126–131; Kleffmann, Festbuch (wie Anm. 60), S. 53–57.

71 LAV NRW W, HW Landstände Akten 350, fol. 324f.

72 Hierzu LAV NRW W, HW Landesarchiv Akten 803, 832, 837, 1075, Landstände Akten 3108.

73 F. A. Groeteken, Die Lasten der Bevölkerung im Bilsteiner Gebiet während des siebenjährigen Krieges, in: Heimatblätter für den Kreis Olpe 13 (1933), S. 1–3, 50–53, 75–80, Zitat S. 79; Becker/Mieles, Bilstein (wie Anm. 1), S. 128.

74 Kleffmann, Festbuch (wie Anm. 60), S. 57–64.

75 LAV NRW W, HW Landesarchiv Akten 850.

76 Becker/Mieles, Bilstein (wie Anm. 1), S. 143.

77 Ebd., S. 214.

78 Ebd., S. 220.

79 Zum folgenden Abschnitt vgl. Becker/Mieles, Bilstein (wie Anm. 1), S. 212–235; W. Reininghaus, Schatzungslisten als Quellen der ländlichen Sozialgeschichte im heutigen Kreis Olpe 1764–1785, in: Olpe in Geschichte und Gegenwart 29 (2021), S. 13–60, S. 55f.; Stadt- und Landständisches Archiv Arnsberg, A IV, Nr. 12 (Viehschatz 1760; ediert: Becker/Mieles, Bilstein (wie Anm. 1), S. 231: 17 (Viehschatz 1772), 21 (Viehschatz 1777), 24 (1781).

80 Kleffmann, Festbuch (wie Anm. 60), S. 85 (Lohmühle), 140 (Hütten).

81 LAV NRW W, Landstände Akten 2194: Einnahmen von März bis August 1803: Olpe (352 Rtlr.), Altenkleusheim (271 Rtlr.), Drolshagen (262 Rtlr.), Bilstein (65 Rtlr.).

82 O. Lucas, Der Kreis Olpe, Münster 1951; Pfau, Geschichte (wie Anm. 67), S. 41f. Zahlen nach Reininghaus, Schatzungslisten (wie Anm. 79), S. 20–21 sowie Beschreibung des Regierungs-Bezirkes Arnsberg in der Königlich Preußischen Provinz Westfalen, Arnsberg 1819.

83 F. Sondermann, Geschichte der Eisenindustrie im Kreis Olpe, Münster 1907, S. 71f.; Reininghaus/Köhne, Berg-, Hütten- und Hammerwerke (wie Anm. 13), S. 274–281.

84 Pfau, Geschichte (wie Anm. 67), S. 52.

85 Reininghaus, Schatzungslisten (wie Anm. 79), S. 40, 44–46.

86 M. Schöne, Wie der Kreis Olpe entstanden ist, in: HSO 66 (1967), S. 3–13; Becker/Mieles, Bilstein (wie Anm. 1), S. 137–153; M. Schöne, Das Herzogtum Westfalen unter hessendarmstädtischer Herrschaft 1802–1816, Olpe 1966.

87 LAV NRW W, H 103, Großherzogtum Hessen, Unterbehörden, Nr. IX62.

88 Becker/Mieles, Bilstein (wie Anm. 1), S. 241–245; Pfau, Geschichte (wie Anm. 67), S. 18–22.

89 L. von Westphalen (Bearb.), Die Tagebücher des Oberpräsidenten Ludwig Freiherrn Vincke 1813–1818, Münster 1980, S. 425.

90 Kleffmann, Festbuch (wie Anm. 60), S. 98.

91 Becker/Mieles, Bilstein (wie Anm. 1), S. 234f.

92 Becker/Mieles, Bilstein (wie Anm. 1), S. 244f.; Pfau, Geschichte (wie Anm. 67), S. 292; H. Ruegenberg, Die Wirtschaftsgeschichte des Kreises Olpe, in: Hömberg, Heimatchronik (wie Anm. 5), S. 203–311, S. 266.

93 Becker/Mieles, Bilstein (wie Anm. 1), S. 244f.; das Gründungsdatum von Gebr. Brill wurde auf 1809 (nicht 1812) bestimmt nach der Eigenanzeige im Adressbuch des Kreises Olpe enthaltende die Städte Attendorn, Olpe, die Ämter Attendorn, Bilstein, Drolshagen, Kirchhundem, Olpe und Wenden. Ausgabe 1938. Auf Grund amtlichen Materials hrsg. Feudingen: Buchdruckerei & Verlagsanstalt Mellmann & Co. 1938, S. 129; M. Vormberg, Die Arbeiterbewegung im Kreis Olpe von ihren Anfängen bis zum Ersten Weltkrieg, Olpe 1987, S. 58f.

94 Siehe den Downloadlink: Adressbuch des Kreises Olpe enthaltende die Städte Attendorn, Olpe, die Ämter Attendorn, Bilstein, Drolshagen, Kirchhundem, Olpe, Wenden.

Ausgabe 1928/29. Auf Grund amtlichen Materials hrsg. Feudingen: Buchdruckerei & Verlagsanstalt G.m.b.H. [1929], abzurufen unter: https://olpe.de/Leben-Wohnen/Stadtportr %C3 %A4t-geschichte/Stadtarchiv/Stadtarchiv-digital/ [Stand: 12.12.2024].

95 Anzeige in: ADRESSBUCH FÜR DIE STADT UND DEN KREIS OLPE. Nebst Geschäfts- und Firmen-Register. Nach amtlichen und privaten Quellen hrsg. von Lorsbach's Adreßbücher-Verlag, Altena ³1899.

96 Anzeige in KNEBUSCH, Führer durch das Sauerland, Siegerland, Wittgensteiner Land, Bergische und Oberbergische Land, Iserlohn ²⁰1937, S. 402; ADRESSBUCH 1938 (wie Anm. 93); gleichlautend in BECKER/MIELES, Bilstein (wie Anm. 1), S. 248; ebd., S. 246–249 zum Tourismus in Bilstein.

97 G. BECKER, Wanderführer Jugendburg Bilstein, o. O. 1974.

98 D. TRÖPS, 50 Jahre Hohe Bracht, Olpe 1980.

99 BECKER/MIELES, Bilstein (wie Anm. 1), S. 259.

100 A. BRUNS, Die Straßen im südlichen Westfalen, Münster 1992; BECKER/MIELES, Bilstein (wie Anm. 1), S. 236–241; F. SÄLTER, Entwicklung und Bedeutung des Chaussee- und Wegebaues in der Provinz Westfalen unter ihrem ersten Oberpräsidenten Ludwig Frh. von Vincke, 1815–1844, Marburg 1917, S. 56–78.

101 L. H. W. JACOBI, Das Berg-, Hütten- und Gewerbe-Wesen des Regierungs-Bezirks Arnsberg, Iserlohn 1857/ND Kreuztal 1988, S. 31.

102 F. HARKORT, Die Eisenbahn von Minden nach Cöln, ND Hagen 1861, S. 14–18.

103 Zahlen nach PFAU, Geschichte (wie Anm. 67), S. 298f.

104 BECKER/MIELES, Bilstein (wie Anm. 1), S. 240; PFAU, Geschichte (wie Anm. 67), S. 265–268; RUEGENBERG, Wirtschaftsgeschichte (wie Anm. 92), S. 293–298.

105 RUEGENBERG, Wirtschaftsgeschichte (wie Anm. 92), S. 298f.

106 G. BECKER, Altenhundem. Vom Bauerndorf zum Zentrum von Lennestadt, in: DERS./A. MAYR/K. TEMLITZ (Hg.), Sauerland – Siegerland – Wittgensteiner Land, Münster 1989, S. 137–144, 138f.; ADRESSBUCH 1899 (wie Anm. 95), S. XIV–XVII; PFAU, Geschichte (wie Anm. 67), S. 263f.

107 SÄLTER, Entwicklung (wie Anm. 100), S. 56–78.

108 K. DOMMERS, 100 Jahre Schützenverein Langenei-Kickenbach, Lennestadt 2009, S. 363–369.

109 SONDERMANN, Eisenindustrie (wie Anm. 83), S. 145.

110 GSTA PK, Rep. 120 A VIII 1, Nr. 3, Bd. 1, fol. 310.

111 PFAU, Geschichte (wie Anm. 67), S. 335f.; K. JASPERS/W. REININGHAUS, Westfälisch-lippische Kandidaten der Januarwahlen 1919. Eine biographische Dokumentation, Münster 2020, S. 125f.

112 SONDERMANN, Eisenindustrie (wie Anm. 83), S. 145.

113 G. BECKER, Bonzel. Geschichte des Dorfes Bonzel (Lennestadt) und des Geschlechts von Bonslede, Lennestadt 1979, S. 125–133.

114 VON WESTPHALEN, Tagebücher (wie Anm. 89), S. 426; F. H. SCHUMACHER, Chronik der Stadt- und Landgemeinde Lüdenscheid, Altena 1847, S. 24; LAV NRW W, OP 2802 (1819). Die Knopffabrik wurde zwischen 1834 und 1853 in Gewerbeadressbüchern aufgeführt, scheint aber bald nach 1819 eingegangen zu sein.

115 JACOBI, Arnsberg (wie Anm. 101), Karte.

116 PFAU, Geschichte (wie Anm. 67), S. 294.

117 HÖMBERG, Heimatchronik (wie Anm. 5), S. 423.

118 J. LUDWIG, Blei, Zink und Schwefelkies. Erzbergbau im Sauerland 1740–1807, Bochum 2010, S. 298–312, 320–322, 360–369, 372–374; PFAU, Geschichte (wie Anm. 67), S. 151, 289–292, 296; M. HUFNAGEL, Beiträge zur Geschichte des Bergbaus im Kreis Olpe. Teil 2: Der Bergbau in Meggen und Halberbracht, Olpe 1993.

119 A. KLEIN, Katholisches Milieu und Nationalsozialismus. Der Kreis Olpe, Siegen 1994, S. 189, Anm. 76.

120 HÖMBERG, Heimatchronik (wie Anm. 5), S. 414–416.

121 Ebd., S. 416f.

122 PFAU, Geschichte (wie Anm. 67), S. 289.

123 KLEIN, Milieu (wie Anm. 119), S. 556.

124 PFAU, Geschichte (wie Anm. 67), S. 43–47, 181–188, 308–320.

125 REAL-SCHEMATISMUS der Diözese Paderborn, Paderborn 1913, S. 134; G. BECKER, Das landwirtschaftliche Schulwesen im Kreis Olpe. Die landwirtschaftliche Winterschule Elspe von 1880 bis 1930, in: Bauern im südwestfälischen Bergland, Münster 2006, S. 198–214.

126 PFAU, Geschichte (wie Anm. 67), S. 319f.

127 G. BECKER, Lennestadt 1969–2019. Eine junge Stadt stellt sich vor, Lennestadt 2019, S. 294f.

128 W. REININGHAUS/H. SCHALDT/R. STREMMEL (Bearb.), Handbuch zur Geschichte der westfälisch-lippischen Sparkassen, Bd. 1, Dortmund 1998, S. 66–74; BECKER, Lennestadt 1969–2019 (wie Anm. 127), S. 294f., 298–300.

129 KLEIN, Milieu (wie Anm. 119), S. 45–62.

130 G. BECKER, Saalhausen (Lennestadt). Geschichte eines Dorfes, Lennestadt, S. 232f.

131 Zahlen nach www.it.nrw.de [Stand: 20.05.2022].

132 HUFNAGEL, Beiträge (wie Anm. 118).

133 Eine sauerländische Pfarrgemeinde im Wandel der Zeiten. 100 Jahre Pfarrer St. Agatha Altenhundem 1893–1993, Lennestadt 1993, S. 215ff.

134 https://www.lichtspielhaus-lennestadt.de/unterseite/136/Geschichte [Stand: 12.12.2024].

135 G. BECKER (Hg.), 75 Jahre höhere Schule in Altenhundem. Von der Rektoratsschule zum Gymnasium, Lennestadt 1986.

136 Eine sauerländische Pfarrgemeinde (wie Anm. 133), S. 354ff.; http://www.maria-koenigin.de/?page_id=1216 [Stand: 12.12.2024].

137 Ermittelt nach: Der Kreis Olpe um 1873, Köln 1875/ND Olpe 1983, S. 22–27.

138 REAL-SCHEMATISMUS 1913 (wie Anm. 125), S. 134–144 (Dekanat Elspe).

139 VORMBERG, Arbeiterbewegung (wie Anm. 93), S. 60–69; PFAU, Geschichte (wie Anm. 67), S. 342f.; zu Becker: JASPERS/REININGHAUS, Kandidaten (wie Anm. 111), S. 35.

140 R. BREER/O. HÖFFER, Kirchen und Kapellen in Attendorn, Lennestadt und Kirchhundem, Attendorn 1999.

141 J. RÜFFER, Art. Lennestadt-Langenei, in: F. GÖTTMANN (Hg.), Historisches Handbuch der jüdischen Gemeinschaften in Westfalen und Lippe. Die Ortschaften und Territorien im heutigen Regierungsbezirk Arnsberg, Münster 2016, S. 502–504; G. ARENS, Art. Lennestadt-Oedingen, in: ebd., S. 505f.; E. PRACHT-JÖRNS, Jüdisches Kulturerbe in Nordrhein-Westfalen, Teil V: Regierungsbezirk Arnsberg, Köln 2005, S. 466; P. TIGGES, Flucht nach Ägypten, Lennestadt 1994.

142 PFAU, Geschichte (wie Anm. 67), S. 198f.; allgemein: N. KIRCHNER, Westfälisches Schützenwesen im 19. und 20. Jahrhundert. Wandel und gegenwärtige Stellung, Münster/New York 1989, S. 84–94 zu Schützenhallen, 86 zu der in Förde/Grevenbrück.

143 G. BECKER, Der Schützenverein Altenhundem von 1861 bis 1986, in: 1861–2011. 150 Jahre Schützenverein Altenhundem, Lennestadt-Altenhundem 2010, S. 122–179, 140.

144 H. QUELLMALZ, Sport im Kreis Olpe, Olpe 2003.

145 VORMBERG, Arbeiterbewegung (wie Anm. 93).

146 PFAU, Geschichte (wie Anm. 67), S. 331–339 (338f. die lokalen Wahlergebnisse).

147 KLEIN, Milieu (wie Anm. 119), Tabellen nach S. 71; W. REININGHAUS, „Darum wählt!". Die ersten demokratischen Kommunalwahlen in Westfalen und Lippe, Münster 2019, S. 121–123.

148 H. KÜHR, Zwischen den beiden Weltkriegen. Die politischen Bewegungen im Olper Kreisgebiet, Olpe 1966, S. 33.

149 Ebd., S. 45f.

150 KLEIN, Milieu (wie Anm. 119), S. 91, Anm. 41.

151 KÜHR, Zwischen (wie Anm. 148), S. 52f.

152 KLEIN, Milieu (wie Anm. 119).

153 O. NIETHAMMER, Josefa Berens-Totenohl als Propagandistin der nationalsozialistischen Kulturpolitik, in: WF 42 (1992), S. 346–359.

154 Zu Grafe vgl. Peter BÜRGER, Sauerländische Botschafter und Märtyrer 1933–1945, Eslohe 2016, S. 178, unter http://www.sauerlandmundart.de/pdfs/daunlots%2078.pdf [Stand: 25.10.2024].

155 KLEIN, Milieu (wie Anm. 119), S. 158, Anm. 194, 195.

156 Ebd., S. 473–475, 511.

157 Ebd., S. 582.

158 Ebd., Abb. 89 nach S. 370; https://vor-ort.kolping.de/kolpingsfamilie-altenhundem/geschichte-der-kolpingsfamilie/ [Stand: 30.01.2022].

159 BÜRGER, Botschafter (wie Anm. 154), S. 54–59; F. W. BAUKS, Die evangelischen Pfarrer in Westfalen von der Reformationszeit bis 1945, Bielefeld 1980, S. 393, Nr. 4880.

160 BECKER, Lennestadt 1969–2019 (wie Anm. 127), S. 240f.;

Rüffer, Lennestadt-Langenei (wie Anm. 141), S. 503; Pracht-Jörns, Kulturerbe (wie Anm. 141), S. 467.

161 Handbuch des Kreises Olpe, Olpe 1938, hg. v. d. Kreiskommunalverwaltung, Bd. 1, Ehrentafeln.
162 Becker, Lennestadt 1969–2019 (wie Anm. 127), S. 40.
163 G. Becker, Der lange Weg zum Lennestädter Rathaus – ein Streifzug durch turbulente Jahre, in: Becker, Lennestadt 1969–2019 (wie Anm. 127), S. 42–61; P. Reuber, Gemeindegebietsreform und Zentralität. Lokale Entscheidungskonflikte und ihre räumlichen Folgen, in: Berichte zur deutschen Landeskunde 70 (1996), S. 503–521; Ders., Raumbezogene politische Konflikte. Geographische Konfliktforschung am Beispiel von Gemeindegebietsreformen, Stuttgart 1999, S. 81ff.; T. Hundt, Die kommunale Neugliederung im Kreis Olpe im Jahre 1969, in: HSO 77 (1969), S. 213–257.
164 Zitate nach Becker, Weg (wie Anm. 163), S. 56.
165 Reuber, Gemeindegebietsreform (wie Anm. 163).
166 Becker, Lennestadt 1969–2019 (wie Anm. 127), S. 232–236.
167 Ebd., S. 254.

Abkürzungen

Siehe Umschlag.

Abbildungsnachweis

Cover: Ansichten von Altenhundem, Bilstein bei Grevenbrück, Meggen und der Adolfsburg in Oberhundem, 1898, Album vom Sauerlande und Umgegend, Neheim, ULB Münster, urn:nbn:de:hbz:6:1-125197.

Abb. 1: Ansicht der Burg, aus: F. Freiligrath/L. Schücking, Das malerische und romantische Westphalen, 21882, UB Paderborn, Sign. urn:nbn:de:hbz:466:1-8550.
Abb. 2a: Siegel der Freiheit Bilstein, Größe unbekannt, Überlieferung unbekannt, Becker/Mieles, Bilstein (wie Anm. 1), S. 232.
Abb. 2b: Gerichtssiegel von Bilstein, H x B x T: 3,9 x 3,5 x 1,3 cm, 17. Jh., Historisches Archiv der Stadt Köln mit Rheinischem Bildarchiv, rba_L004822.
Abb. 2c: Siegel der Stadt seit 1971, Ø 3,5 cm, Vorlage aus: P. Veddeler, Wappen, Siegel, Flaggen. Die kommunalen Hoheitszeichen des Landschaftsverbandes, der Kreise, Städte und Gemeinden in Westfalen-Lippe, Münster 2003; Umzeichnung HIKO/IStG.
Abb. 3: Übersichtskarte, DTK 500 © GeoBasis-DE/BKG (2024).
Abb. 4: Kirche Elspe, Foto Andree Weil, StadtA Lennestadt.
Abb. 5: Höhenschichten, HIKO/IStG.
Abb. 6: Peperburg, 1987, Foto Ralf Breer, StadtA Lennestadt.
Abb. 7: Lennebrücke, ca. 1950, Postkartenverlag Josef Grobbel, © LWL-Medienzentrum für Westfalen, 20_672.
Abb. 8: Burg Bilstein, 1967, Foto Christoph Barte, © LWL-DLBW, 022853BAH1967_05_00_0001.
Abb. 9: Burg Bilstein, Zeichnung Renier Roidkin, 1720-1730, Historisches Archiv der Stadt Köln mit Rheinischem Bildarchiv, rba_104954.
Abb. 10: Karte Amt Bilstein, Tobias Kniep, HIKO/IStG.
Abb. 11: Topogr. Entwickl. Bilstein, Tobias Kniep, HIKO/IStG.
Abb. 12: Schrägluftbild Bilstein, 1932, Foto Hansa Luftbild, LAV NRW R, RW 0229, Nr. 37974.
Abb. 13: Bonzeler Hammer, Ausschnitt Urkataster, 1831, Kreis Olpe, Fachdienst Liegenschaftskataster und Geoinformation.
Abb. 14: Copie des Situations- […] Plan […] Bilstein, ca. 1827, 1:1 250, 36,5 x 51 cm, LAV NRW W, Karten A, Nr. 6598.
Abb. 15: Innenhof Burg Bilstein, 1959, Foto Hans Hild, © LWL-Medienzentrum für Westfalen, 04_173.
Abb. 16: Hohe Bracht, ca. 1959, Foto Lindemann, © LWL-Medienzentrum für Westfalen, 05_6730.
Abb. 17: Hotel Faerber-Luig, ca. 1960, Foto Postkartenverlag Josef Grobbel, © LWL-Medienzentrum für Westfalen, 20_2281.
Abb. 18: Verkehrswege, Tobias Kniep, HiKo/IStG.
Abb. 19: Veischedetalbahn, undatiert, Foto Anton Hüttemann, StadtA Lennestadt.
Abb. 20: Schrägluftbild Altenhundem, 1932, Foto Hansa Luftbild, LAV NRW R, RW 0229, Nr. 37953.
Abb. 21: Bahnschranke in Altenhundem, ca. 1918, Foto Heinrich Genau, © LWL-Medienzentrum für Westfalen, 01_1498.
Abb. 22: Schwefelkiesgrube Meggen, ca. 1930, Foto N. N., © LWL-Medienzentrum für Westfalen, 10_3480.
Abb. 23: Grube Philippine bei Meggen, Postkarte, undatiert, LAV NRW W, Karten A 9102.
Abb. 24: Bergbaumuseum Siciliaschacht, 2011, Foto Esther Sobke, © LWL-Medienzentrum für Westfalen, 11_1750.
Abb. 25: Chemische Werke in Grevenbrück, 1899, Foto N. N., StadtA Lennestadt.
Abb. 26: Amtshaus Grevenbrück, ca. 1960, Foto Jupp Schmies, StadtA Lennestadt.
Abb. 27: St. Josefs-Krankenhaus Lennestadt, 1955, Foto N. N., StadtA Lennestadt.
Abb. 28: Kloster Maria Königin, ca. 1965, Foto N. N., © LWL-Medienzentrum für Westfalen, 03_3195.
Abb. 29: Gymnasium Lennestadt, 1972, Foto Luftbildvertrieb Delmenhorst oHG (Nr 16/4138/8-72), StadtA Lennestadt.
Abb. 30: St. Servatius in Kirchveischede, undatiert, Foto Josef Pohlen, StadtA Lennestadt.
Abb. 31: Schrägluftbild Altenhundem, ca. 1965, Foto N. N., © LWL-Medienzentrum für Westfalen, 03_3195.
Abb. 32: Schützenfest, 1936, Foto N. N., StadtA Lennestadt.
Abb. 33: Festakt in Altenhundem, 1934, Foto N. N., © LWL-Medienzentrum für Westfalen, 03_4858.
Abb. 34: Die öffentlichen Einrichtungen in Altenhundem seit ca. 1831, HiKO/IStG.
Abb. 35: Die öffentlichen Einrichtungen in Grevenbrück/Förde seit ca. 1831, HiKO/IStG.
Abb. 36: Rathaus Altenhundem, © 2024 foto@luftbild-blossey.de.
Abb. 37: Schrägluftbild Bilstein, 2008, Hans Blossey, © 2024 foto@luftbild-blossey.de.
Abb. 38: Rathausbrunnen Lennestadt, 2006, Foto Stefan Flöper, wikimedia commons.
Abb. 39: Schrägluftbild Grevenbrück, 2023, Hans Blossey, © 2024 foto@luftbild-blossey.de.
Abb. 40: Schrägluftbild Altenhundem, 2023, Hans Blossey, © 2024 foto@luftbild-blossey.de.

Danksagung

Die Autoren und Herausgeber danken folgenden Personen und Institutionen für ihre Unterstützung bei der Erstellung dieses Atlaswerkes:

Burkhard Beyer • Hans Blossey • Andrea Bräutigam • Sarah Büscher • Stefan Flöper • Karsten Schürheck • Walter Stupperich • Bundesamt für Kartographie und Geodäsie • Historisches Archiv der Stadt Köln • Kreis Olpe, Fachdienst Liegenschaftskataster und Geoinformation • Landesarchiv NRW, Abteilung Rheinland • Landesarchiv NRW, Abteilung Westfalen • LWL-Denkmalpflege, Landschafts- und Baukultur in Westfalen • LWL-Medienzentrum für Westfalen • Stadtarchiv Lennestadt • UB Paderborn • ULB Münster

Atlanten westfälischer Städte

Impressum

Historischer Atlas westfälischer Städte. Bd. 19: Bilstein und Lennestadt

Herausgegeben von der
Historischen Kommission für Westfalen und dem
Institut für vergleichende Städtegeschichte
durch Thomas Tippach

Autoren: Günther Becker und Wilfried Reininghaus
Gesamtredaktion und Kartographie: Tobias Kniep
Textredaktion und Layout: Ria Hänisch
Bildbearbeitung: Tobias Kniep

Veröffentlichungen der Historischen Kommission für Westfalen
Neue Folge 95

Verlag: Aschendorff Verlag, Soester Straße 13, 48155 Münster
www.aschendorff-buchverlag.de
ISBN 978-3-402-15165-5

© 2025 Historische Kommission für Westfalen
und Institut für vergleichende Städtegeschichte

www.historische-kommission.lwl.org
www.staedteatlas-westfalen.lwl.org
www.uni-muenster.de/Staedtegeschichte

Bibliographische Informationen der Deutschen Nationalbibliothek:
Die Deutsche Nationalbibliothek verzeichnet diese Publikation in der
Deutschen Nationalbibliographie; detaillierte bibliogr. Daten sind im
Internet unter www.dnb.de abrufbar.

Gedruckt auf alterungsbeständigem Papier nach DIN EN ISO 9706

Historischer Atlas westfälischer Städte

Band 19 – Bilstein und Lennestadt

Tafel 1a

Katasterkarte Altenhundem 1831, 1: 2 500

Entwurf Tobias Kniep

Historischer Atlas westfälischer Städte

Bilstein und Lennestadt – Tafel 1a: Katasterkarte Altenhundem 1831, 1:2500. Entwurf Tobias Kniep

Historischer Atlas westfälischer Städte

Band 19 – Bilstein und Lennestadt

Tafel 1b

Katasterkarte Bilstein 1831, 1: 2 500

Entwurf Tobias Kniep

Historischer Atlas westfälischer Städte

Bilstein und Lennestadt – Tafel 1b: Katasterkarte Bilstein 1831, 1:2500. Entwurf Tobias Kniep

Flurnamen sichtbar auf der Karte:
- Buchhagen
- Ohl
- der Kamp
- Bilstein
- hinter der Kapelle
- Krähenberg
- auf der Höhe (Norken)
- ober der Kapelle
- Knick
- Rosenberg
- aufm Garten
- Bilstein auf der Kutsche
- Bilstein
- Kelberhof
- hintern Hof
- Potterloh
- Mühle
- Kapelle
- Lehmgrube

Gewässer und Wege:
- [nach Kirchhundem]
- [Bremker Bach]
- [Veischede Bach]
- [Chaussee nach der Gravenbrücke]
- [Chaussee n. Olpe]
- [Veischeder Bach]
- [Feldweg]
- [Entwegsnach Bilstein]
- [nach Bilstein]
- [nach Askei]

Legende

1:2500 — 0 25 50 75 100 m

- Parzellengrenze (Besitzeinheit) mit Nutzungsgrenzen
- Holz, Hutung (Hu.)
- Garten/Obstgarten
- Wiese
- Heide
- Ackerland, Schäfelland
- Wildland
- Gewässer
- Gebäude mit besonderer Bedeutung
- Gebäude
- Brücke
- Flurgrenze
- 55 Parzellennummer
- Bilstein Flurname nach Flurbuch
- Zusätzlicher Flurname nach Flurkarte
- [Bremker Bach]
- Höhenlinien mit Höhenangabe [NHN]
  - 10m-Linie
  - 5m-Linie
  - 2,5m-Linie

Geographische Lage: 51° 5′ 39″ n. Br., 8° 1′ 16″ ö. L. (bezogen auf die Kapelle)

Quellennachweis: Flurkarten der Gem. Kirchveischede, Fluren 8 (Blatt 2), 9, Beilage zu Flur 9 in 1:1 250, Karten, Handrisse und Flurbuch beim Kreis Olpe, Fachdienst Liegenschaftskataster und Geoinformation. Höhenlinien erzeugt aus dem Digitalen Geländemodell (DGM1), Geobasis NRW (2024), dl-zero-de/2.0.

© Historische Kommission für Westfalen und Institut für vergleichende Städtegeschichte

Historischer Atlas westfälischer Städte

Historischer Atlas westfälischer Städte

Band 19 – Bilstein und Lennestadt

Tafel 1c

Katasterkarte Grevenbrück 1830/1831/1833 & Förde 1831, 1: 2 500

Entwurf Tobias Kniep

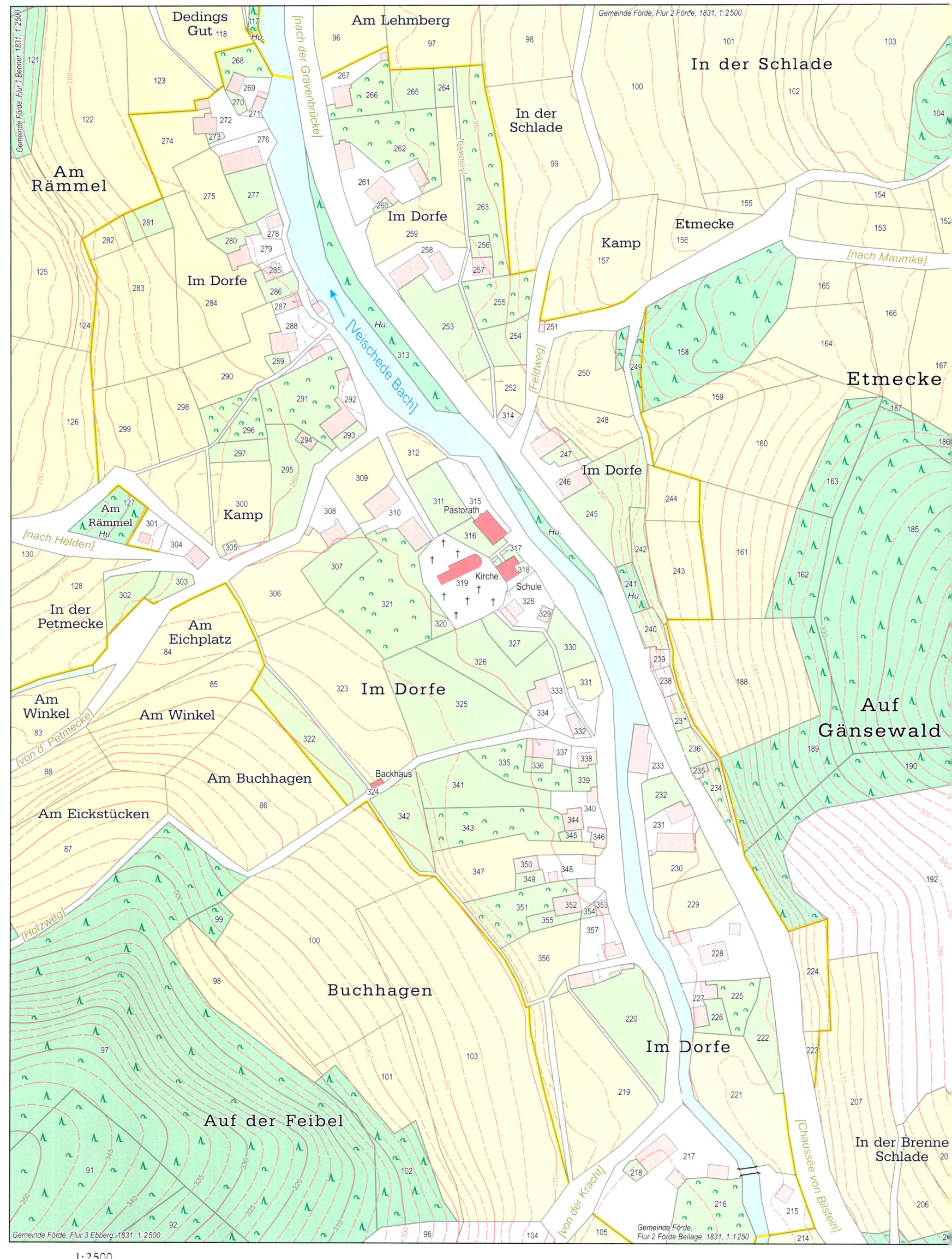

Bilstein und Lennestadt - Tafel 1c: Katasterkarte Grevenbrück 1830/1831/1833 & Förde 1831, 1:2500. Entwurf Tobias Kniep

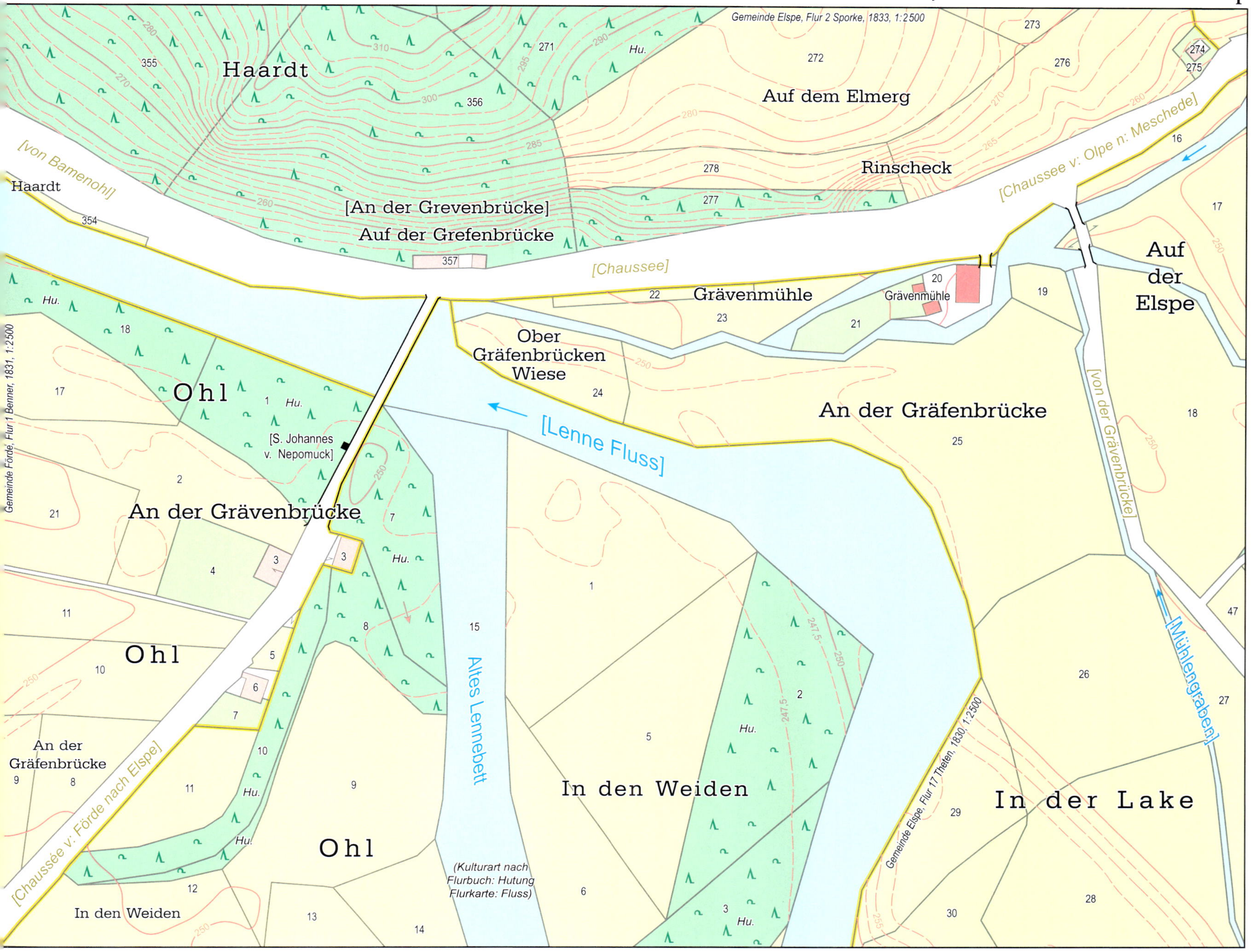

I. Grevenbrück

Geographische Lage: 51° 8' 41" n. Br., 8° 1' 25" ö. L. (bezogen auf die Mühle)

Quellennachweis: Flurkarten der Gem. Elspe, Fluren 2, 17, 1830/1833, 1:2500 und Gem. Förde, Fluren 1, 2, 1831, 1:2500. Karten, Handrisse und Flurbuch beim Kreis Olpe, Fachdienst Liegenschaftskataster und Geoinformation. Höhenlinien erzeugt aus dem Digitalen Geländemodell (DGM1), Geobasis NRW (2024), dl-zero-de/2.0.

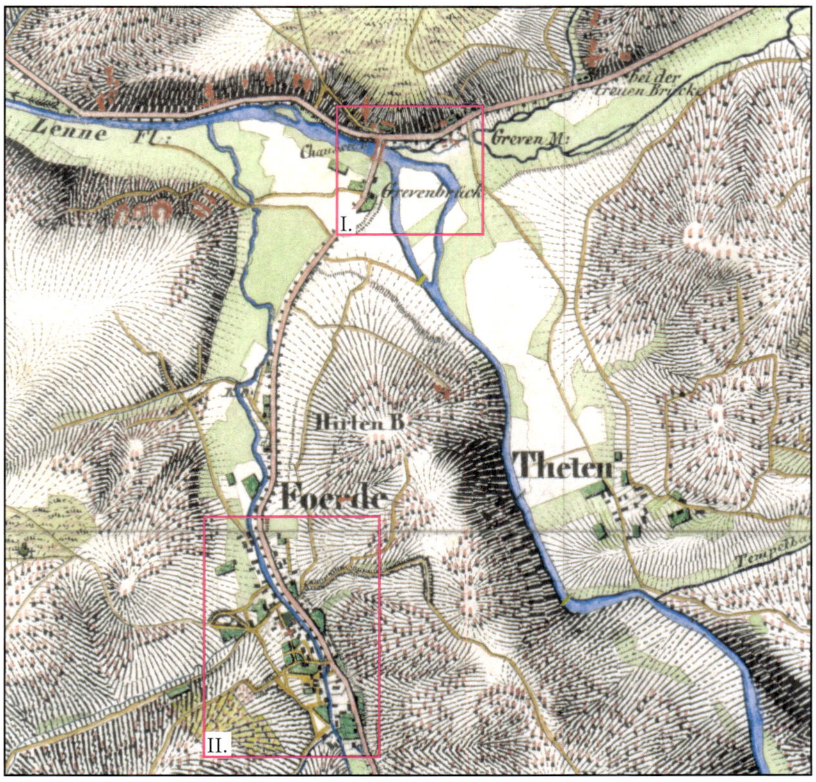

II. Förde

Geographische Lage: 51° 7' 48" n. Br., 8° 0' 5" ö. L. (bezogen auf die Kirche)

Quellennachweis: Flurkarten der Gem. Förde, Fluren 1, 2, Beilage zu 2, 3, 1831, 1:2500 (Beilage zu Flur 2 in 1:1250). Karten, Handrisse und Flurbuch beim Kreis Olpe, Fachdienst Liegenschaftskataster und Geoinformation. Höhenlinien erzeugt aus dem Digitalen Geländemodell (DGM1), Geobasis NRW (2024), dl-zero-de/2.0.

III. Übersichtskarte TK 25

Quellennachweis: Preußische Kartenaufnahme 1836–1850, Urmesstischblatt, Blatt Nr. 4813 Attendorn (1840), Nr. 4814 Elspe (1841), Nr. 4913 Olpe (1840), Nr. 4914 Kirchhundem (1841). Staatsbibliothek zu Berlin – Preußischer Kulturbesitz, Sign. Kart N 729

Historischer Atlas westfälischer Städte

Historischer Atlas westfälischer Städte

Band 19 – Bilstein und Lennestadt

Tafel 2a

Topographische Karte 1: 25 000, 1840/1841

Bilstein und Lennestadt — Tafel 2a: Topographische Karte 1:25 000, 1840/1841

1846–1850, Urmesstischblatt, Blatt Nr. 4813 Attendorn (1840), Nr. 4814 Elspe [Altenhundem] (1841), Nr. 4913 Olpe (1840), Nr. 4914 Kirchhundem (1841).
© Staatsbibliothek zu Berlin – Preußischer Kulturbesitz, Sign. Kart N 729

Historischer Atlas westfälischer Städte

Historischer Atlas westfälischer Städte

Band 19 – Bilstein und Lennestadt

Tafel 2b

Topographische Karte 1: 25 000, 1896

Historischer Atlas westfälischer Städte

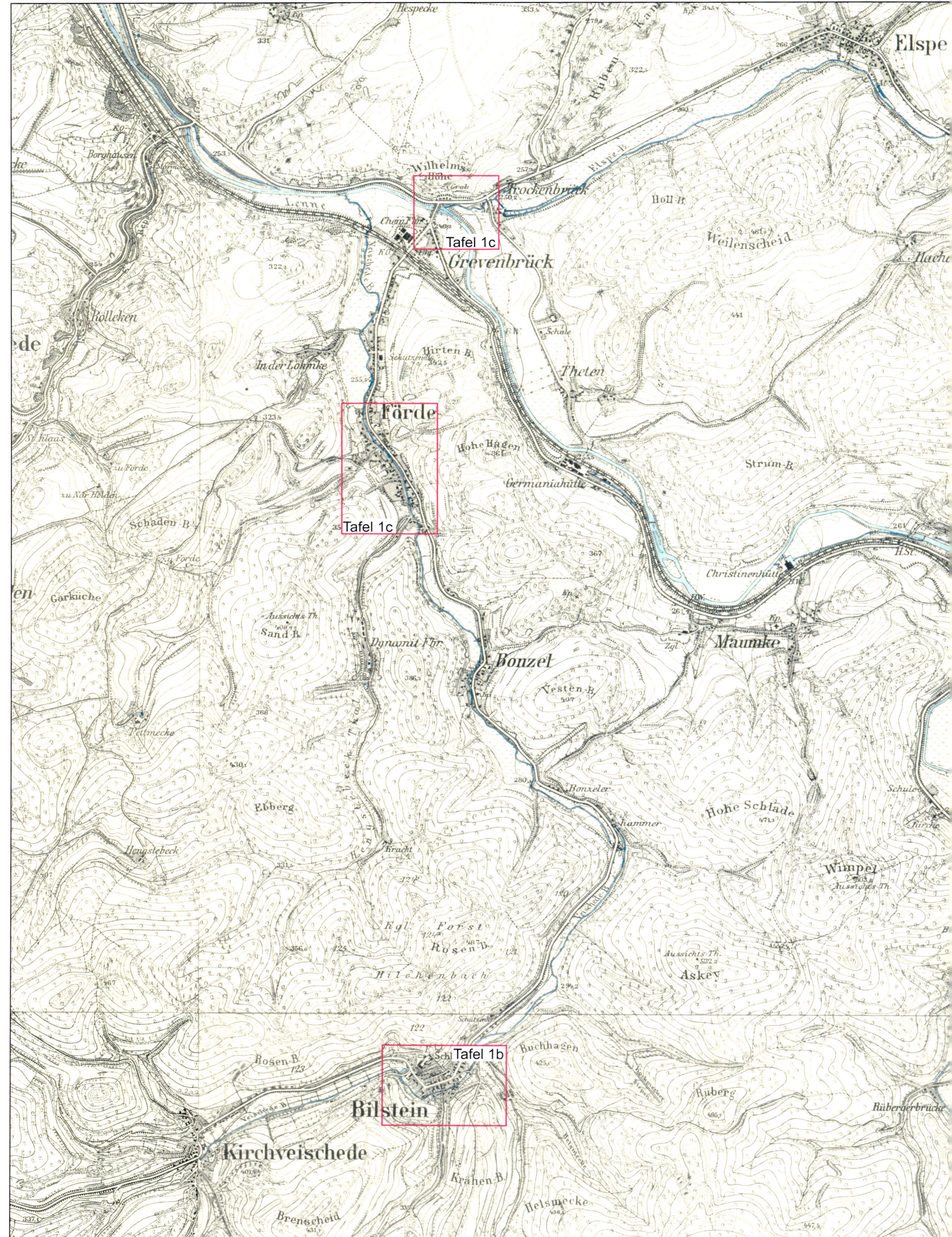

1:25000

Bilstein und Lennestadt — Tafel 2b: Topographische Karte 1:25 000, 1896

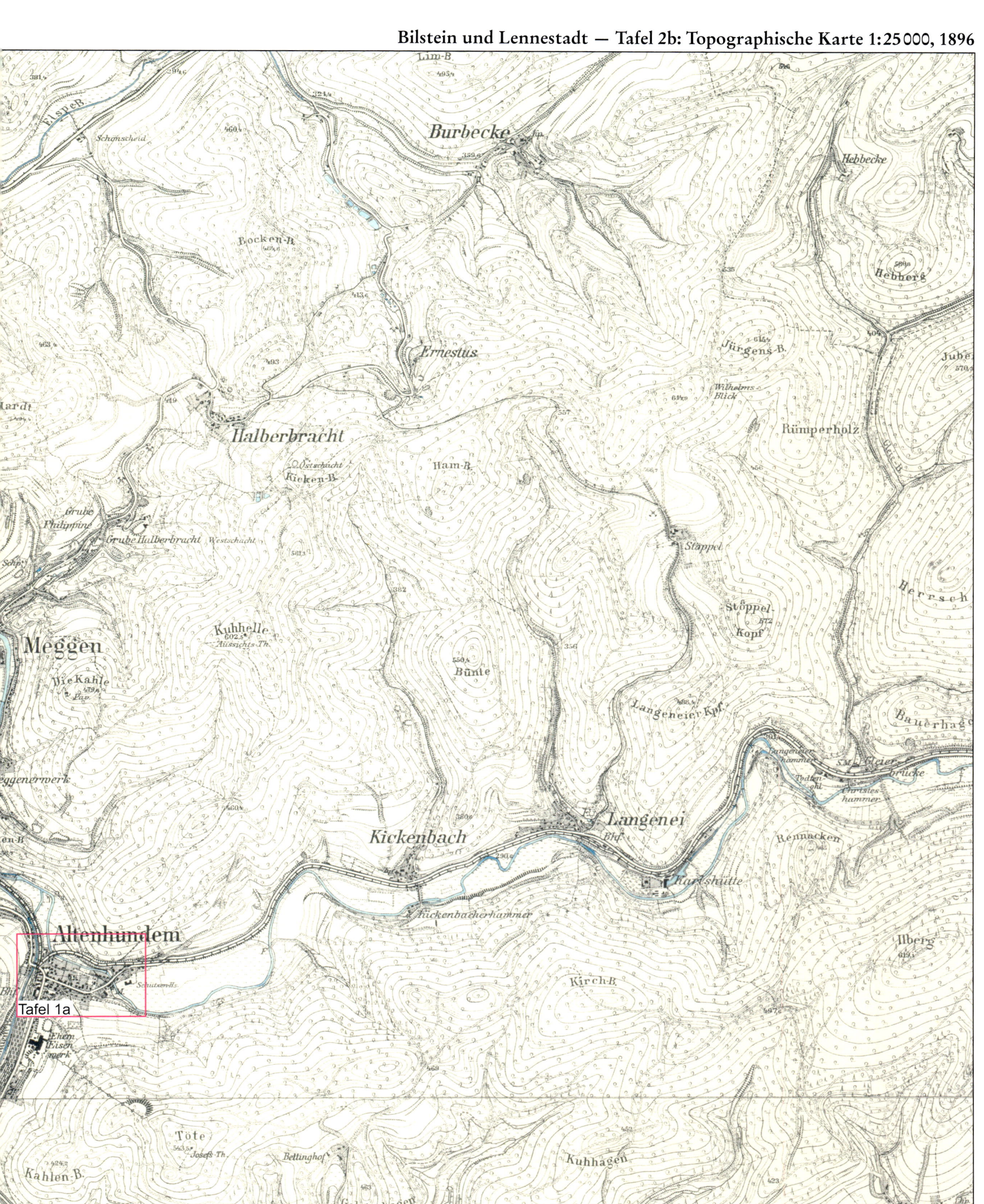

fnahme 1891–1912, Neuaufnahme, Blatt Nr. 4813 Attendorn (1896), Nr. 4814 Altenhundem (1896), Nr. 4913 Olpe (1896), Nr. 4914 Kirchhundem (1896).
Staatsbibliothek zu Berlin – Preußischer Kulturbesitz, Sign. Kart N 730

Historischer Atlas westfälischer Städte

Historischer Atlas westfälischer Städte

Band 19 – Bilstein und Lennestadt

Tafel 2c

Topographische Karte 1: 25 000, 1954/1957

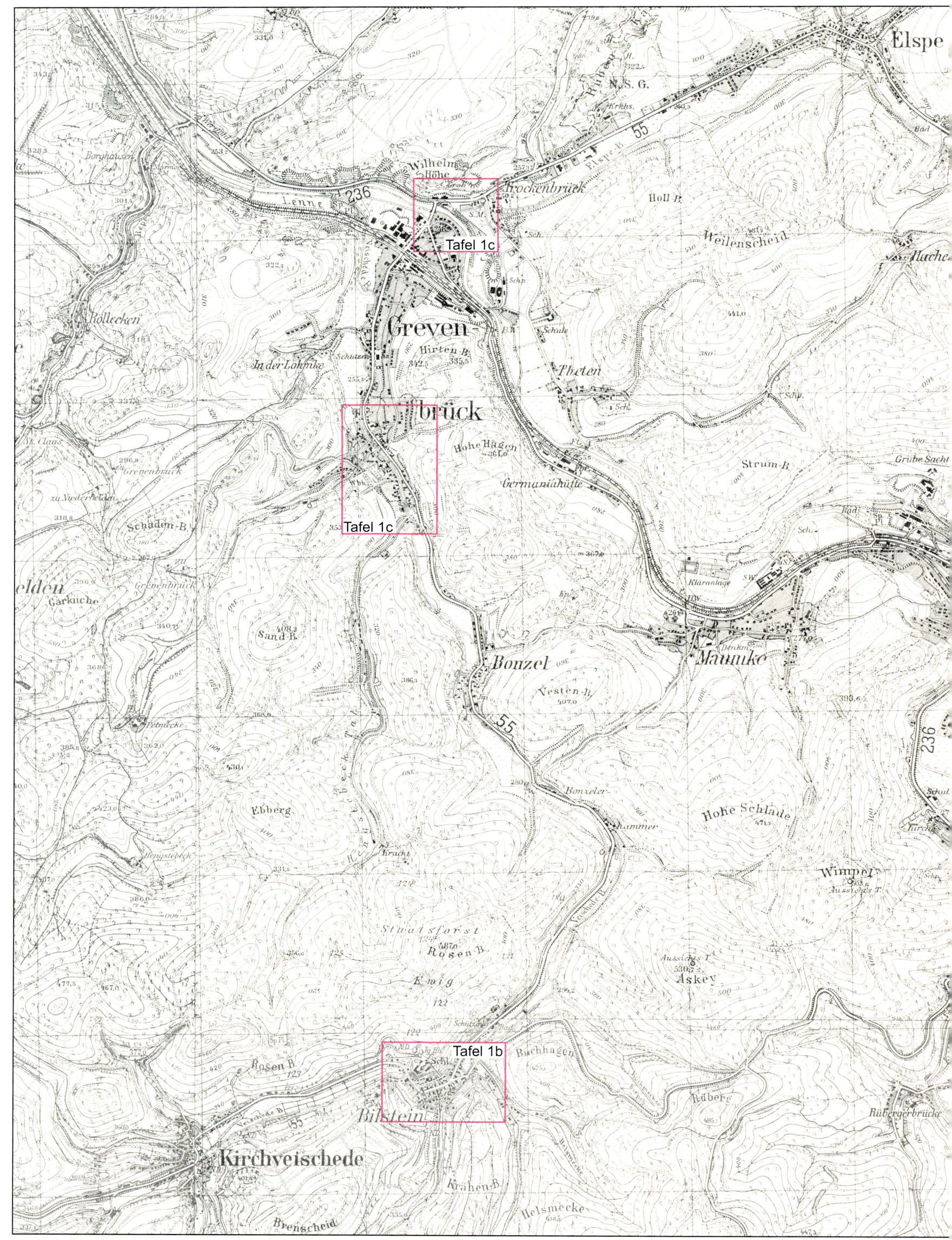

Bilstein und Lennestadt — Tafel 2c: Topographische Karte 1:25 000, 1954/1957

Topographische Karte 1:25 000, Blatt Nr. 4813 Attendorn (1954), Nr. 4814 Altenhundem (1954), Nr. 4913 Olpe (1957), Nr. 4914 Kirchhundem (1954).
Geobasis NRW (2024), dl-de/zero-2-0

Historischer Atlas westfälischer Städte

Historischer Atlas westfälischer Städte

Band 19 – Bilstein und Lennestadt

Tafel 2d

Topographische Karte 1: 25 000, 2024

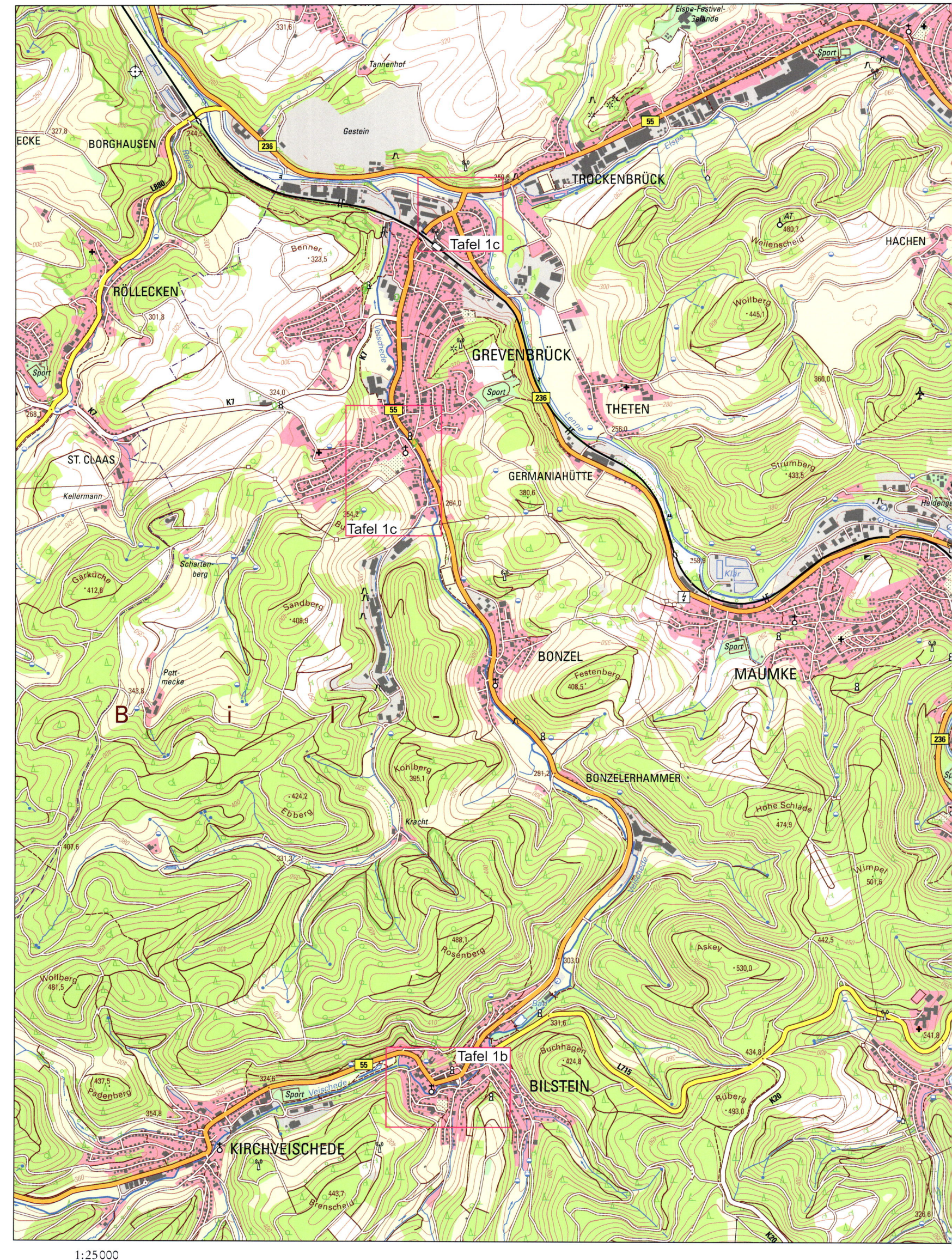

Bilstein und Lennestadt — Tafel 2d: Topographische Karte 1:25 000, 2024

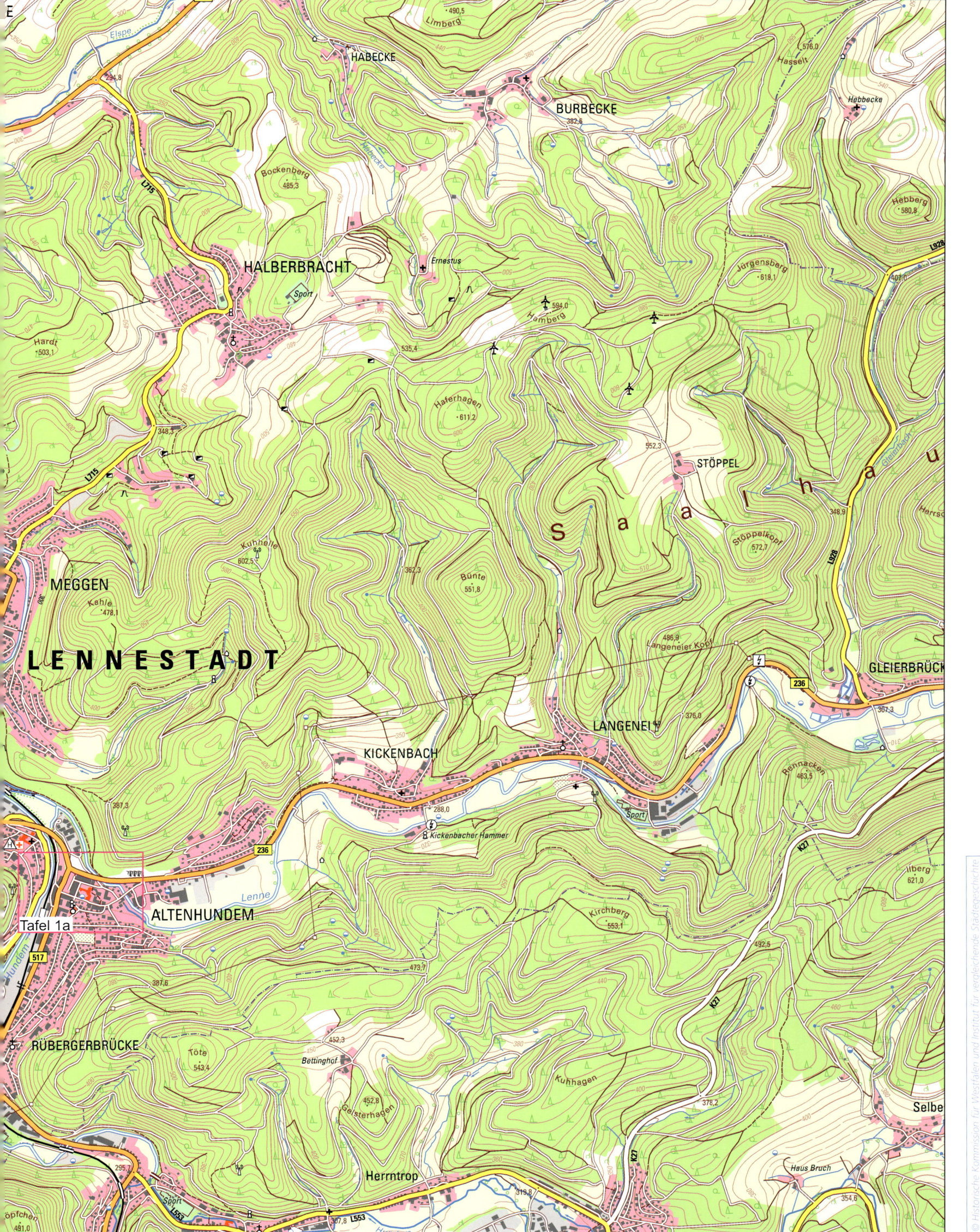

Digitale Topographische Karte 1:25 000, Stand 2023. Geobasis NRW (2024), dl-de/zero-2-0

Historischer Atlas westfälischer Städte

Band 19 – Bilstein und Lennestadt

Tafel 3a

Stadtkarte Altenhundem 2025, 1 : 5 000

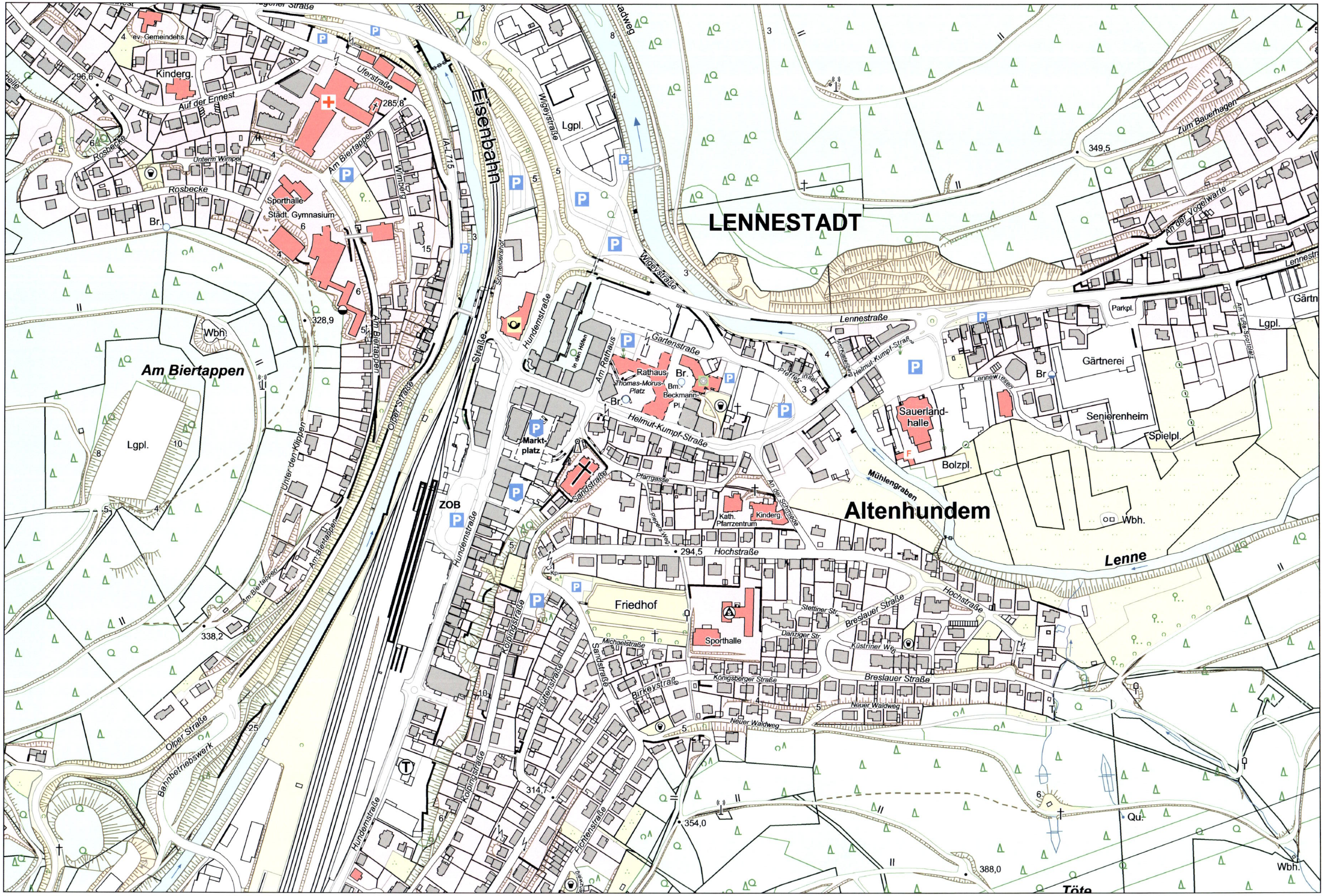

Bilstein und Lennestadt – Tafel 3a: Stadtkarte Altenhundem 2025, 1:5000.

LENNESTADT

Altenhundem

1:5000
0 50 100 150 200 m

Amtliche Basiskarte 1:5000, Geobasis NRW (2025), dl-zero-de/2.0

Historischer Atlas westfälischer Städte

Historischer Atlas westfälischer Städte

Band 19 – Bilstein und Lennestadt

Tafel 3b

Stadtkarte Bilstein 2025, 1 : 5 000

Bilstein und Lennestadt – Tafel 3b: Stadtkarte Bilstein 2025, 1:5.000.

Bilstein

Potterloh

Nocken

1:5 000
0 50 100 150 200 m

Amtliche Basiskarte 1:5 000, Geobasis NRW (2025), dl-zero-de/2.0

© Historische Kommission für Westfalen und Institut für vergleichende Städtegeschichte

Historischer Atlas westfälischer Städte

Historischer Atlas westfälischer Städte

Band 19 – Bilstein und Lennestadt

Tafel 3c

Stadtkarte Grevenbrück 2025, 1: 5 000

Bilstein und Lennestadt – Tafel 3c: Stadtkarte Grevenbrück 2025, 1:5.000.

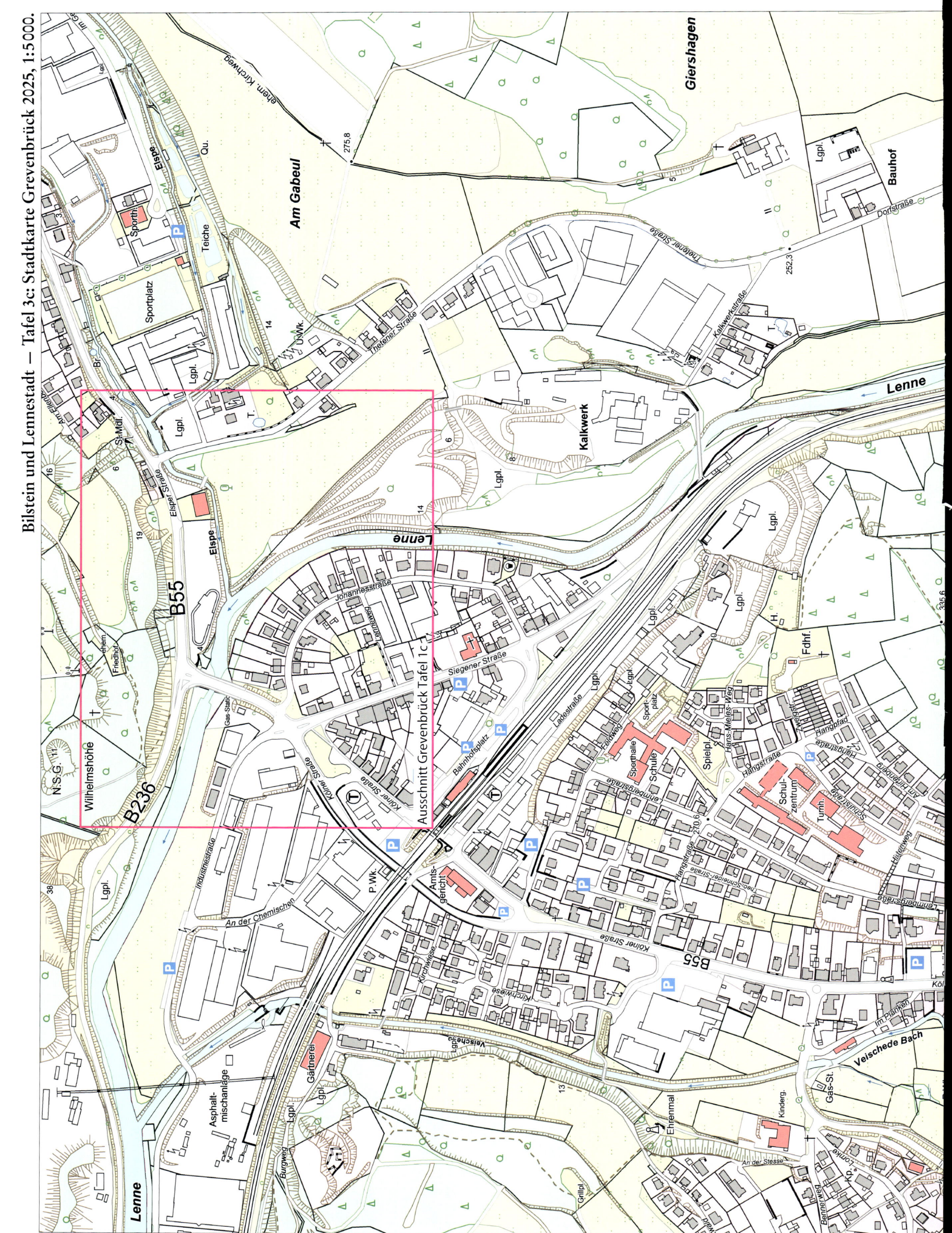

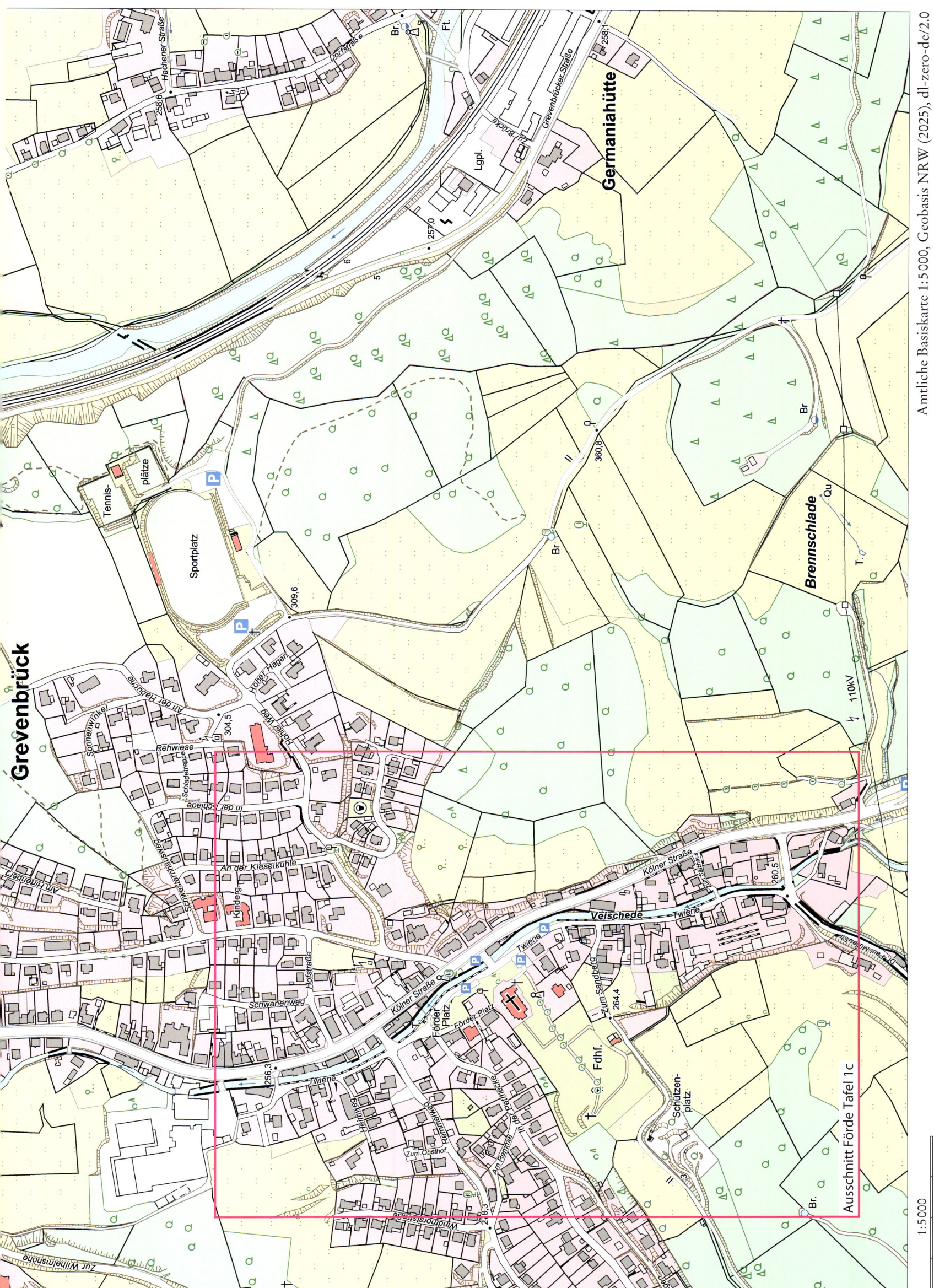

Historischer Atlas westfälischer Städte

Band 19 – Bilstein und Lennestadt

Tafel 4

Die Stadt- und Gemeindegrenzen im heutigen Stadtgebiet vor der kommunalen Gebietsreform 1975, 1:50 000

Entwurf Burkhard Beyer

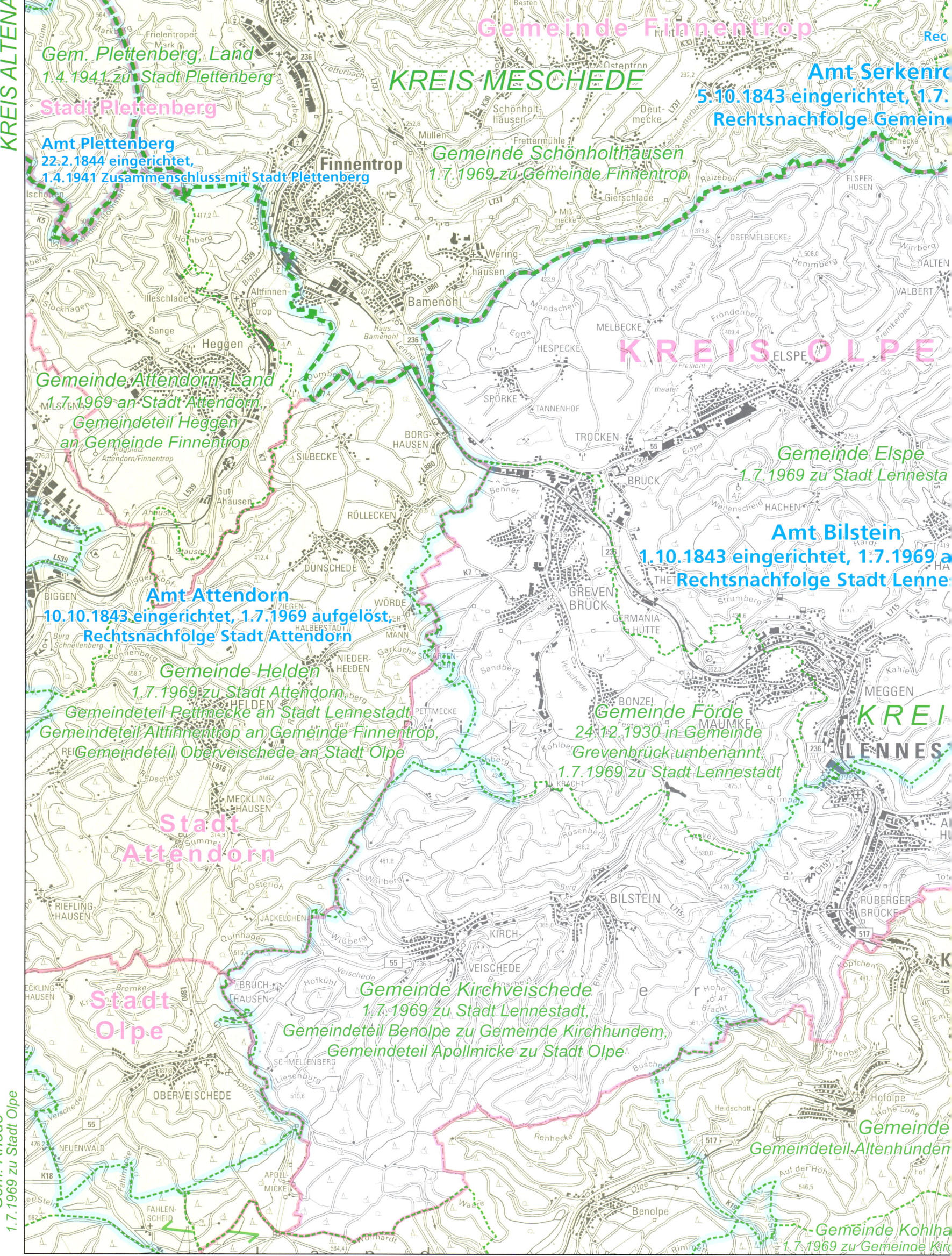

Gemeindegrenzen im heutigen Stadtgebiet vor der kommunalen Gebietsreform 1975, 1:50 000. Entwurf Burkhard Beyer

Grenzen 1897   **Grenzen seit 1975**

– – –   ▪ ▪ ▪   Kreis
······   ———   Stadt/Gemeinde
– · –   Gemeindegrenze 1897–1975
    Amt

Topographische Grundlage:
Digitale Topographische Karte 1:50 000 (DTK50), Geobasis NRW (2024), dl-de/zero-2-2

Amt Eslohe
Gem. Kobbenrode
1.1.1975 zu Gemeinde Eslohe (Sauerland)

Gem. Eslohe (Sauerland)

Gemeinde Oedingen
1.7.1969 zu Stadt Lennestadt,
Gemeindeteil Schöndelt an Gemeinde Finnentrop,
1.1.1975 Gemeindeteil Leckmart an Gemeinde Eslohe (Sauerland)

Gemeinde Berghausen
1.1.1975 zu Stadt Schmallenberg

Amt Fredeburg
5.10.1843 eingerichtet, 15.9.1844 Gemeinde Wormbach an Amt Schmallenberg, 1.1.1975 aufgelöst, Rechtsnachfolge Stadt Schmallenberg

HOCHSAUERLANDKREIS

KREIS MESCHEDE

Gemeinde Wormbach
12.9.1920 Abtrennung Gemeindeteil Niederfleckenberg,
1.1.1975 zu Stadt Schmallenberg

Amt Schmallenberg
27.09.1843 eingerichtet, 15.9.1844 Angliederung Gemeinde Wormbach, 1.1.1975 aufgelöst, Rechtsnachfolge Stadt Schmallenberg

Stadt Lennestadt

Stadt Schmallenberg

Gemeindeteil Niederfleckenberg

Gemeinde Saalhausen
1.7.1969 zu Stadt Lennestadt

Gemeinde Lenne
1.1.1975 Gemeindeteil Lenne an Stadt Schmallenberg,
Gemeindeteil Milchenbach an Stadt Lennestadt

Gemeinde Fleckenberg
12.9.1920 gebildet, 1.1.1975 zu Stadt Schmallenberg

Gem. Grafschaft

Gemeindeteil Oberfleckenberg
12.9.1920 zu Gemeinde Fleckenberg

Amt Kirchhundem
28.10.1843 eingerichtet, 1.7.1969 aufgelöst, Rechtsnachfolge Gemeinde Kirchhundem

KREIS WITTGENSTEIN

Gemeinde Oberhundem
1.7.1969 zu Gemeinde Kirchhundem

Gem. Wingeshausen
1.1.1975 zu Stadt Bad Berleburg

Gemeinde Kirchhundem

Stadt Bad Berleburg

Amt Berghausen
10.11.1845 eingerichtet, 1.10.1932 mit Ämtern Arfeld und Girkhausen zum Amt Berleburg vereint, 1.1.1975 aufgelöst, Rechtsnachfolge Stadt Bad Berleburg

KREIS SIEGEN-WITTGENSTEIN

Quellen:
S. Reekers, Die Bevölkerung in den Gemeinden Westfalens 1818–1950, Dortmund 1952.
Gemeindegrenzen 1897, in: Geschichtlicher Handatlas von Westfalen, 2. Lfg., Münster 1982, Nr. 10.
Bezirksregierung Arnsberg (Hg.), Amtsblatt der Königlich Preußischen Regierung zu Arnsberg, 1843 u. 1844.
Digitale Verwaltungsgrenzen DVG1, Geobasis NRW (2024), dl-zero-de/2.0.
Topographische Karte 1:25 000 (ab Preußische Kartenaufnahme 1891–1912).

1:50 000
0 500 1000 1500 2000 m

© Historische Kommission für Westfalen und Institut für vergleichende Städtegeschichte

Historischer Atlas westfälischer Städte

Historischer Atlas westfälischer Städte

Band 19 – Bilstein und Lennestadt

Tafel 5

Ausgewählte Industriestandorte im heutigen Stadtgebiet, 1: 30 000

Entwurf Tobias Kniep/Wilfried Reininghaus

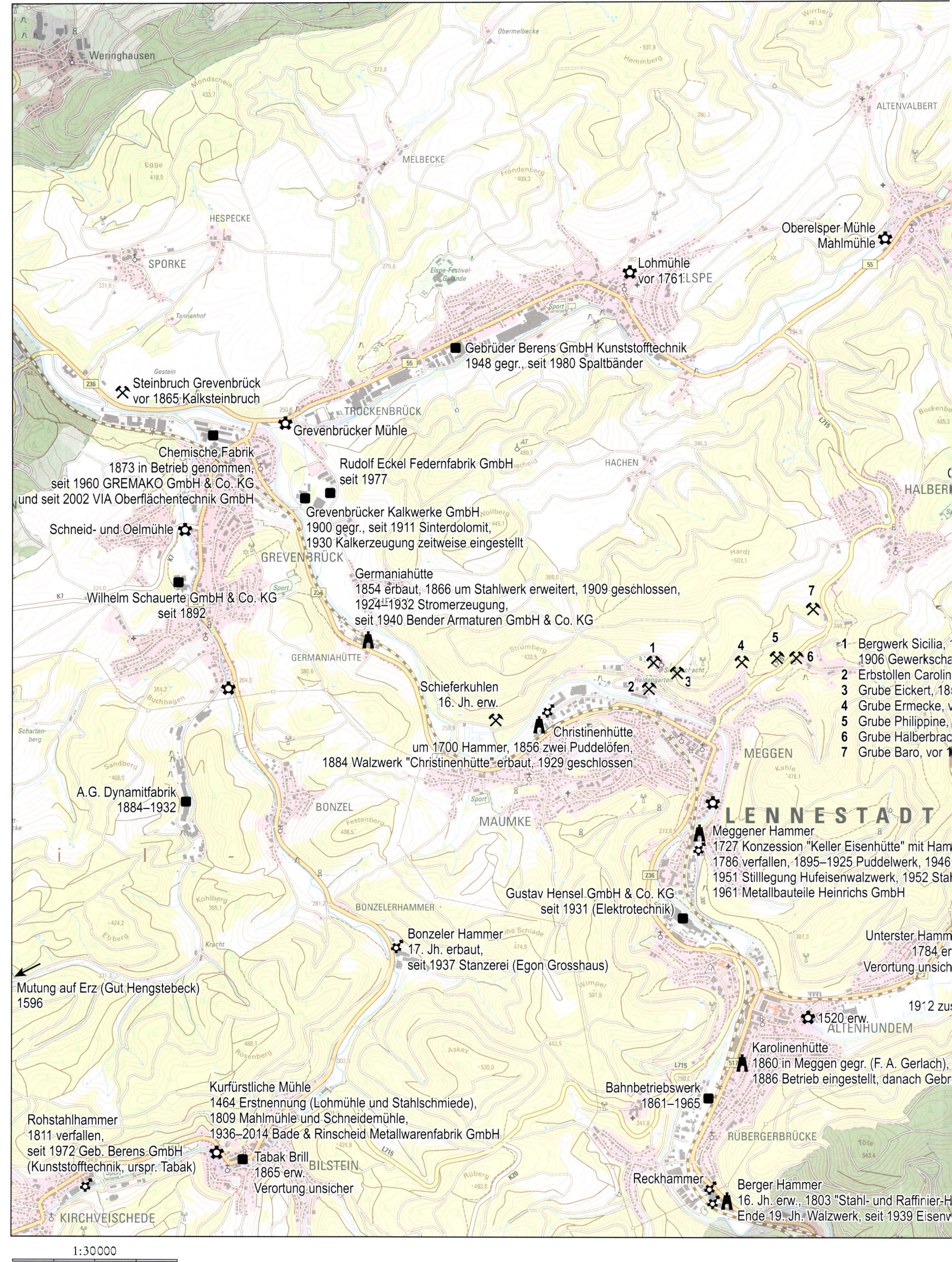

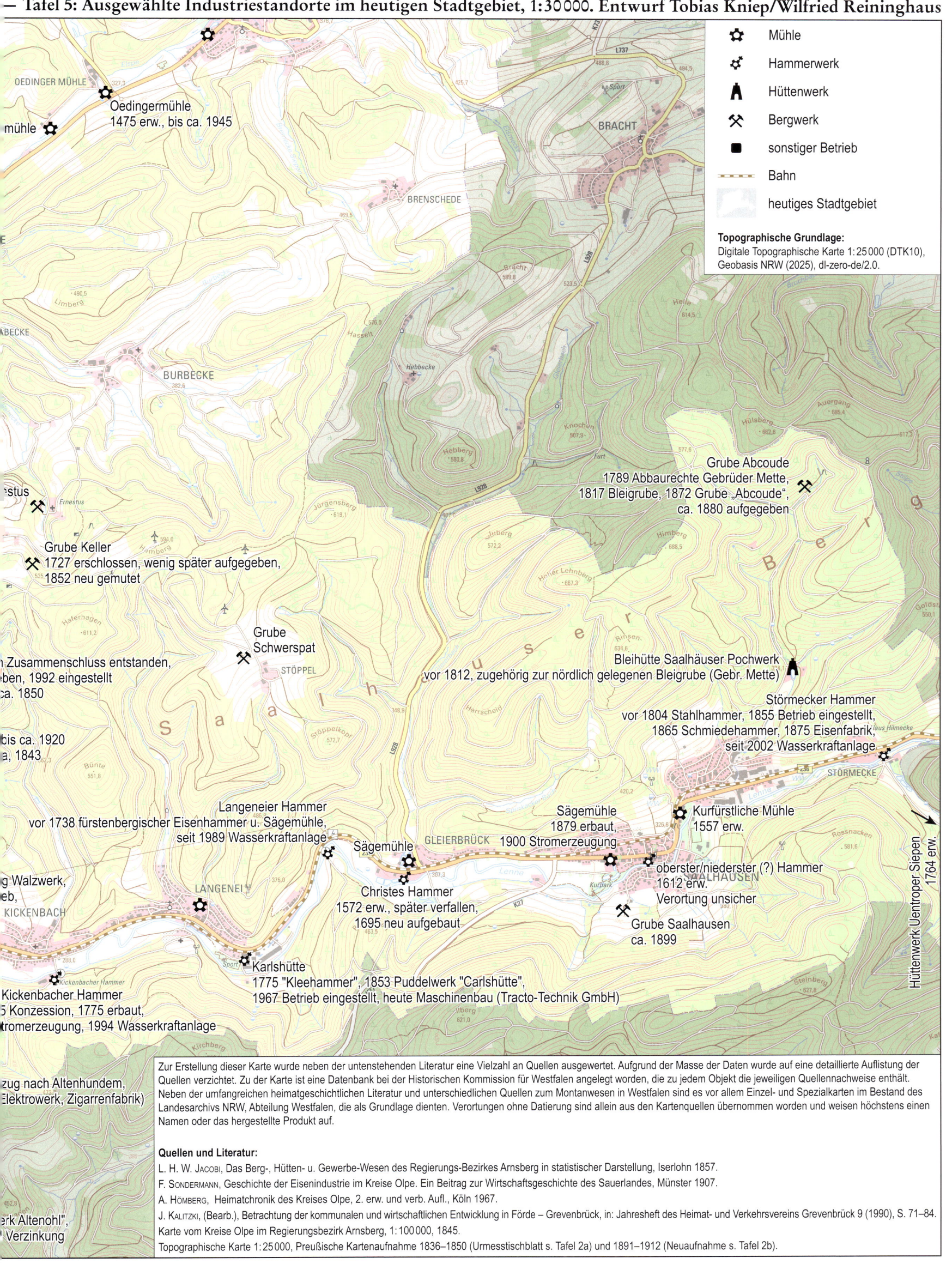

Historischer Atlas westfälischer Städte

Band 19 – Bilstein und Lennestadt

Tafel 6

Territoriale Entwicklung der Grafschaft Arnsberg bis in das 14. Jahrhundert, 1: 150 000

Entwurf Tobias Kniep/Thomas Tippach

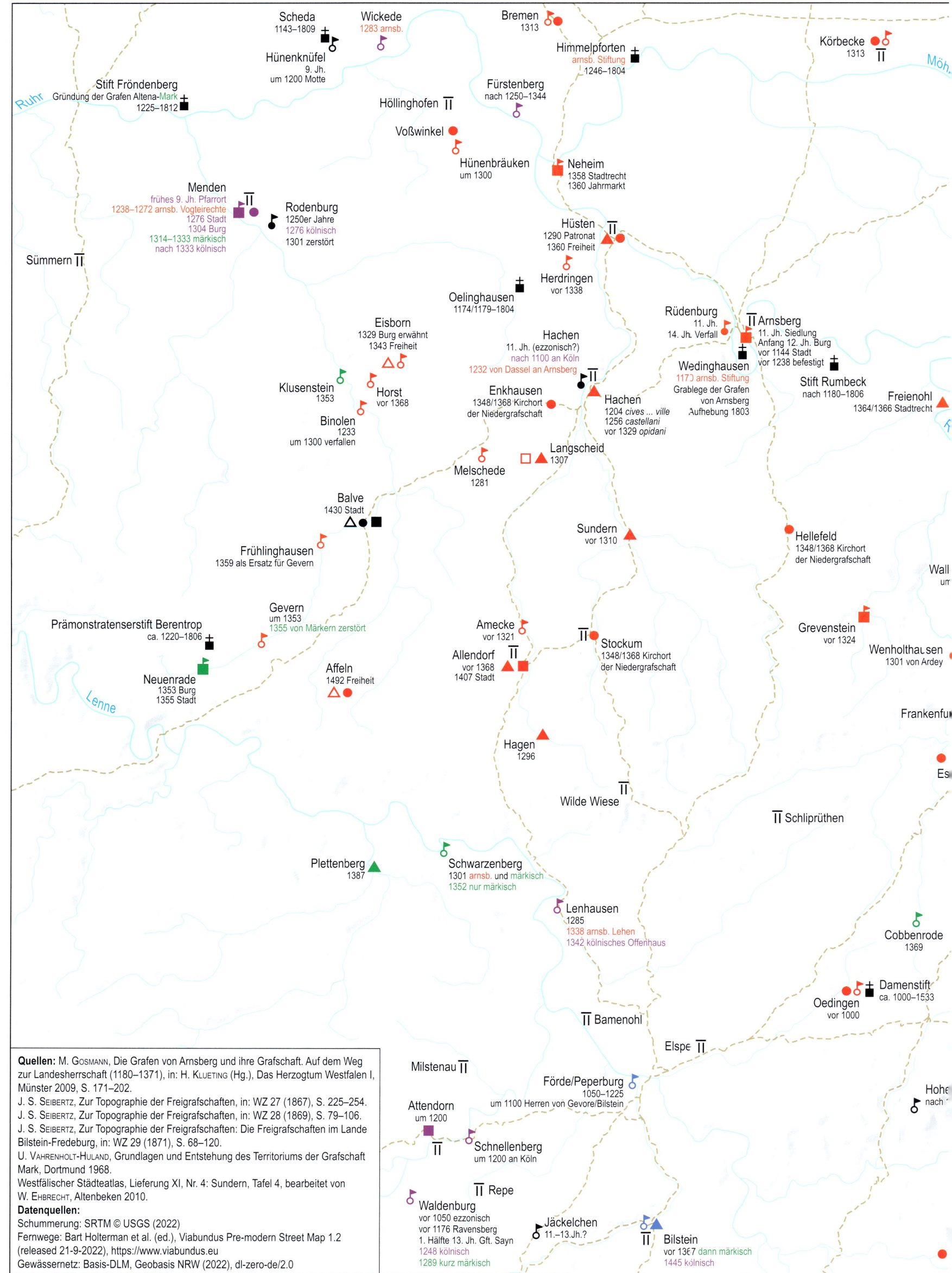

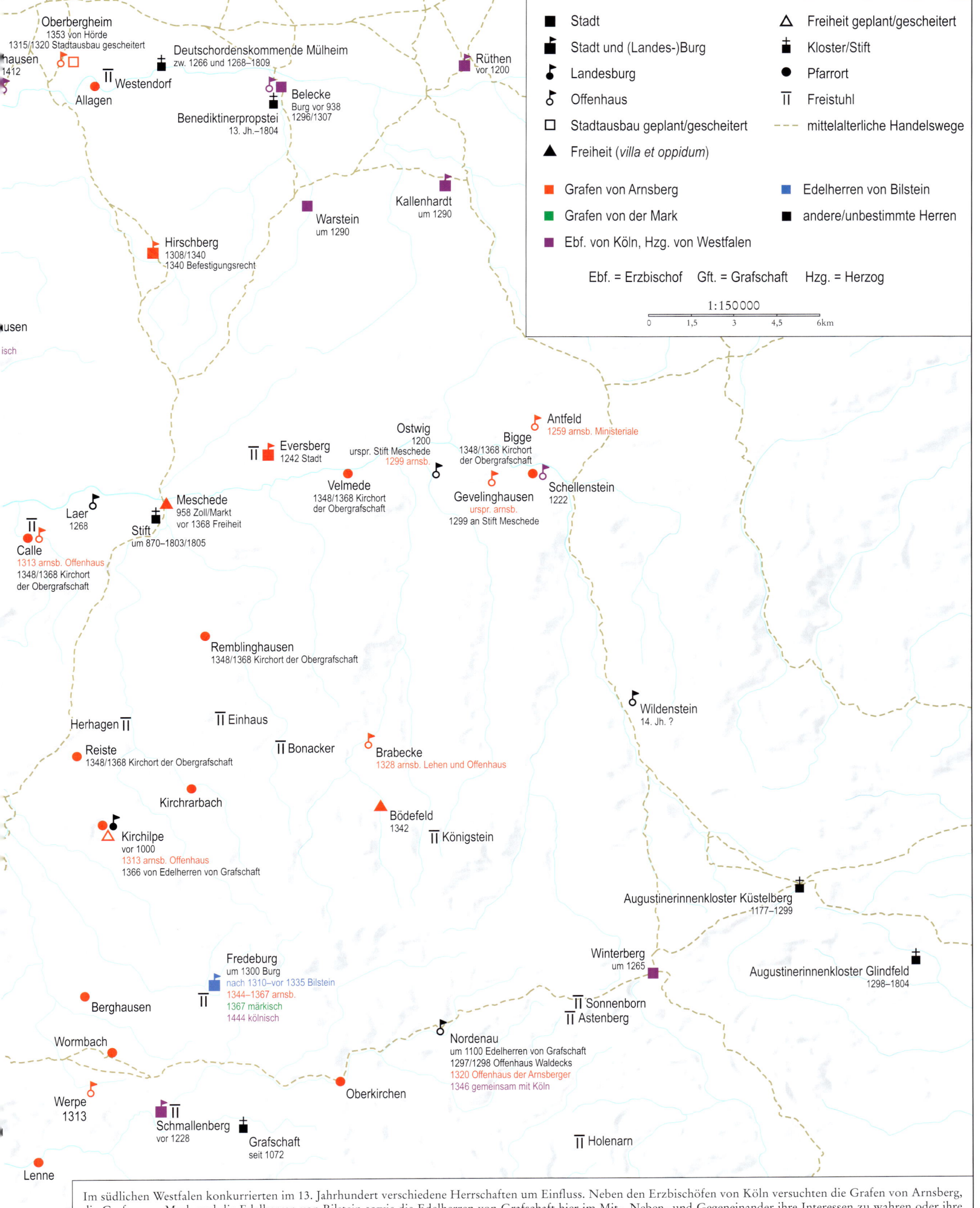